常州大学学术著作出版基金资助出版

"一带一路"背景下
中国服务业全球价值链
地位提升研究

张涵嵋 著

武汉大学出版社

WUHAN UNIVERSITY PRESS

图书在版编目(CIP)数据

"一带一路"背景下中国服务业全球价值链地位提升研究/
张涵嵋著.—武汉:武汉大学出版社,2023.12(2024.12 重印)
　　ISBN 978-7-307-23851-0

　　Ⅰ.—…　Ⅱ.张…　Ⅲ.服务贸易—贸易发展—研究—中国
Ⅳ.F752.68

中国国家版本馆 CIP 数据核字(2023)第 116880 号

责任编辑:宋丽娜　　责任校对:汪欣怡　　版式设计:马　佳

出版发行:**武汉大学出版社**　(430072　武昌　珞珈山)
　　　　(电子邮箱:cbs22@whu.edu.cn 网址:www.wdp.com.cn)
印刷:武汉邮科印务有限公司
开本:720×1000　1/16　印张:14.5　字数:213 千字　插页:1
版次:2023 年 12 月第 1 版　　2024 年 12 月第 2 次印刷
ISBN 978-7-307-23851-0　　定价:68.00 元

前　言

随着经济全球化深入发展进程的加快，产品生产过程日益"碎片化"，这种生产模式通过提高劳动生产率、降低成本、促进技术进步等途径影响一国经济或产业的发展。我国服务业也越来越频繁地参与国际分工的过程，作为未来带动我国经济增长的重点产业，服务业在全球价值链中的发展状况将显著影响其对经济的提升效果。然而在发达国家或服务大国主导和控制的全球价值链下我国服务业仍处于被支配地位，同时由于世界经济发展持续低迷和西方国家推行"逆全球化"，短时间内我国服务业试图单纯地通过参与全球价值链实现地位的攀升，进而带动国内经济增长较艰难。"一带一路"倡议的提出为我国服务业突破发展困境提供了新的思路和途径。因此，为了使服务业更好地助力国内经济增长，对如何借助在"一带一路"沿线区域价值链中的发展，促进其全球价值链地位提升进行研究具有重要的意义。

本书在国际分工理论、全球价值链理论和增加值贸易理论的指导下，以我国服务业参与"一带一路"区域价值链为切入点，分析了其对全球价值链地位指数的影响方向及途径，利用世界投入产出数据库（WIOD）2016 年公布的世界投入产出数据（WIOT），应用系统 GMM 模型以及中介效应分析法对相关理论推导的结论进行了实证检验。本书的基本内容如下。第一章是导论，介绍了本书的研究背景和研究意义、研究的主要内容和框架、研究方法、研究的创新之处和不足。第二章是理论基础和文献综述，主要对国际分工理论和全球价值链理论进行了梳理和回顾，并根据目前贸易的发展特点对增加值贸易理论和新型国际贸易统计体系的发展过程进行了总

1

结，并分别从我国服务业全球价值链、我国与"一带一路"沿线各国的服务贸易和"一带一路"区域价值链三个方面对现有文献成果进行总结并评述。第三章是中国服务业全球价值链发展现状及前景，主要利用世界投入产出表，采用王直等(2015)对双边贸易数据的分解方法，对 2000—2014 年我国服务业整体及其各细分行业向世界出口的数据按照增加值的来源和去向进行分解并以此构建相关指标，深刻解析了我国服务业参与全球价值链的现状，并从价值增值的角度分析了造成此现状的原因，同时，与发达国家——美国进行对比，明确我国服务业存在的不足，最后，通过对国际经济发展环境的分析，预测我国服务业未来在全球价值链中的发展前景。第四章是我国服务业在"一带一路"区域价值链中的发展现状及前景，应用同样的方法分析了我国服务业参与"一带一路"区域分工的现状、成因以及未来发展空间。第五章是区域价值链对全球价值链地位提升的影响机制和攀升路径，在对现状及发展前景进行分析的基础上，预测我国服务业在"一带一路"区域价值链中的发展将促进其全球价值链地位的提升。于是在相关理论和现有研究成果的指导下推导影响机制，并在每一个影响机制下阐述了具体的攀升路径。第六章是区域价值链对全球价值链地位提升的实证分析，应用系统 GMM 模型对我国服务业在"一带一路"区域价值链的发展促进其全球价值链地位提升的理论分析结果进行实证检验，更进一步地将我国服务业全球价值链地位指数替换成我国服务业在除"一带一路"沿线国家以外地区的价值链地位指数，检验模型的稳健性，并应用中介效应分析法对在"一带一路"背景下促进我国服务业向全球价值链高端攀升的内在影响机理进行验证。第七章是研究结论与对策建议，主要对全书进行总结，归纳全书的研究结果，并据此提出有针对性的对策建议。

通过理论分析与实证分析，本书得出以下结论。

首先，在全球价值链中，我国服务业近年来的出口量增长缓慢；出口产品结构无进一步优化迹象；后向参与全球价值链模式占据主导地位；全球价值链地位指数始终在低位徘徊；个别行业更是拉低了我国服务业整体在全球价值链中的发展水平，如农、林、牧、渔专业及辅助性活动，科学研究和其他行业。造成此发展现状的原因在于，我国服务出口产品中国内增加值占比开始下降，国内增加值较少参与多次跨境流动，以中间品形式出口的服务产品中国外增加值占比波动剧烈，对全球价值链地位指数贡献最大的始终是国外增加值。通过与美国进行对比发现，美国服务业在全球价值链中占据着主导和支配地位，我国服务业的发展与美国存在巨大差距。另外，在世界经济发展缓慢、"逆全球化"盛行的国际背景下，我国服务业试图在短时间内单纯地通过参与全球价值链实现产业升级，摆脱发达国家和服务大国的控制，进一步提升其全球价值链地位的难度较大。

其次，在"一带一路"区域价值链中，我国服务业向"一带一路"沿线区域出口的总量逐年增加；出口产品结构持续优化；以前向模式参与"一带一路"区域分工；通过与"一带一路"沿线区域服务贸易量较大的国家——俄罗斯、波兰、土耳其、希腊以及印度进行对比发现，我国服务业"一带一路"区域价值链地位指数相对较高，而且还在不断地向更高附加值位置攀升；个别行业更是提高了整体的发展水平，如批发零售业、交通运输、仓储和邮政业、租赁和商务服务业、信息传输、软件和信息技术服务业。我国服务业之所以能在"一带一路"区域价值链中占据相对主导和支配的地位，是因为国内增加值投入占服务产品出口总额的比重较高；国内增加值广泛参与多次跨境流动；国外增加值贡献率虽然在我国服务业"一带一路"区域价值链地位指数中贡献略高，但间接增加值贡献率与其不相上下，且后者占比日益提升，租赁和商务服务、教育、卫生和社会工作甚至前者的贡献率超过后者；国内价值链构建程度的日益完善也满足且支撑了我国服务业在"一带一路"区域价值链中的发展。就未来的发展前景而言，我国与"一带一路"沿线各经济体试图发展服务业的诉求相契合，在良好的发展基础、贸易互补性大于竞争性、金融业和交通运输业的共同助推下，我国服务业未来在"一带一路"区域价值链中的发展空间较大，发展前景良好。

最后，本书通过理论和实证的方法证实了我国服务业在"一带一路"区域价值链中的发展会对其全球价值链地位指数产生积极影响。除此之外，服务出口产品中生产性服务中间品投入的增加、服务出口产品中国内增加值贡献率的提高和基础设施的进一步完善也显著地推动了我国服务业向全球价值链高附加值位置攀升。通过中介效应分析方法证实了我国服务业在"一带一路"区域价值链中的发展，通过自身要素结构的不断完善、专业化生产能力的增强、技术水平的提升、深度参与分工能力的提高，实现了向全球价值链高端迈进的目标。其中我国生产性服务业在"一带一路"区域价值链中的活动主要通过专业化分工和制度因素将积极的效应传导至全球价值链，生活性服务业通过需求因素传导，公共服务业则通过要素禀赋、技术和制度因素传导。

　　本书的创新之处在于考虑到中间品贸易盛行的背景，以增加值贸易为统计口径，准确地分析了我国服务业在"一带一路"区域价值链中的发展现状，更符合我国服务业真实的贸易情况。同时从增加值的角度深入探讨了我国服务业在全球价值链和"一带一路"区域价值链呈现如此发展现状的原因。并且在"一带一路"倡议的指导下，创造性地将我国服务业"一带一路"区域价值链与全球价值链相结合进行研究。但是由于本书主要应用的是WIOD数据库公布的世界投入产出表，造成了缺失近年研究数据和覆盖"一带一路"沿线国家数据不精确的问题，未来的研究有望在这些领域实现突破。

目　　录

1 导　　论

本章首先介绍了本书的研究背景，从而引申出研究内容所具有的理论和现实意义；其次，以文字的形式概括研究内容，以框架图的形式描绘研究思路；再次，概述本书应用的研究方法；最后，指出本书研究的创新之处以及研究局限。

1.1　研究背景和研究意义

1.1.1　研究背景

进入 21 世纪，我国服务业增加值占国内生产总值的比重持续攀升，有数据显示，2012 年占比首次超过第二产业，达到 45.5%，产业结构出现"三二一"的发展趋势。[①] 2021 年我国服务业增加值更是达到了 609680 亿元，超过全国 GDP 总值的一半，比重高达 53.3%，同比增长 8.2%，拉动国内生产总值增长 4.5%，较第二产业增加值占国内生产总值比重高出 13.9%，对经济增长的贡献率高出 16.5%，拉动国内生产总值增长高出 1.4%。[②] 由此可见，我国已经步入"服务经济"时代。服务业的发展为吸纳就业和投资、缴纳税收等促进经济发展和改善民生方面做出重要贡献。以促进就业为例，据中商产业研究院数据库显示，2021 年批发零售业从业人

---

① http：//ghs.hbjt.gov.cn/qqgz/114191.htm.

② http：//www.stats.gov.cn/tjsj/zxfb/202202/t20220227_1827960.html.

员数量增加了 181 万人，交通运输、仓储和邮政业从业人员增加了 41 万人，居民服务业从业人员增加了 33 万人，商业服务业从业人员增加了 28 万人。在吸引投资方面，据商务部数据显示，2021 年服务业实际使用外资金额为 9064.9 亿元，同比增长 16.7%。在缴纳税收方面，服务业是主要纳税主体。即使面对新冠肺炎疫情带来的挑战，服务业在遭遇巨大冲击的情况下，仍能利用数字经济等途径实现稳步恢复发展，并且由此产生的服务业新业态发展态势良好。

习近平总书记在党的十九大报告中明确指出，"我国经济已由高速增长阶段转向高质量发展阶段"，建设现代化经济体系必须坚持以质量第一和效益优先为原则，推动经济发展质量变革。在党的十九大报告的指引下，产业分工的深化是我国服务业高质量发展的重要路径。伴随对外开放进程的加快，我国服务业参与分工的活动已经突破国界的限制，服务产品生产过程日益全球化，外商直接投资、服务外包等形式迅速发展。据商务部公布的数据显示，2021 年我国服务外包产业继续保持较快增长，我国全年承接离岸服务外包合同总额首次突破 1 万亿元人民币，达到 11295 亿元，执行金额为 8600 亿元，同比分别增长 16% 和 17.8%。我国服务业已深度融入全球价值链。

服务贸易日益成为各国经济发展的重点和进行全面竞争的战略制高点，发展服务贸易对促进经济发展、提升国际竞争力意义重大。党的十九大报告提出"推进贸易强国建设"，"促进我国产业迈向全球价值链中高端"，明确了产业全球价值链地位提升的必要性。为适应产业发展模式、要求及目标，国家相关部门陆续出台了一系列鼓励和引导措施。2015 年 10 月 29 日，中共中央关于制定国民经济和社会发展第十三个五年规划第五次会议的建议中针对我国服务业发展给出以下建议：加快发展现代服务业的步伐，放宽市场准入，促进服务业优质高效地发展。国务院批复同意在北京、天津、河北雄安新区、重庆两江新区等多个省、市（区域）深化服务贸易创新发展试点，认真探寻适合服务贸易创新发展的机制体制、政策措施及开放途径。2018 年 4 月，习近平主席在博鳌亚洲论坛 2018 年年会开幕式的主旨演讲中特别提出了我国服务业开放的系列重大举措。针对服务业发展目标的纲领性文件也陆续出台，2018年上半年相继发布了《国务院关于同意深化服务贸易创新发展试点的批复》(国函〔2018〕79号)、《国务院关于积极有效利用外资推动经济高质量发展若干措施的通知》(国发〔2018〕19号)、《外商投资准入特别管理措施(负面清单)(2018年版)》、《自由贸易试验区外商投资准入特别管理措施(负面清单)(2018年版)》等政策文件。2019年，国家发展改革委、商务部发布《外商投资准入特别管理措施(负面清单)(2019年版)》《自由贸易试验区外商投资准入特别管理措施(负面清单)(2019年版)》和《鼓励外商投资产业目录(2019年版)》，进一步推动各领域全方位扩大对外开放。2020年，在新冠肺炎疫情影响下，进一步出台帮扶服务业小微企业和个体工商户缓解房屋租金压力的指导意见。2021年，针对软件和信息技术服务业，出台《"十四五"软件和信息技术服务业发展规划》。商务部则向全国推广北京市国家服务业扩大开放综合示范区建设经验做法，同时，国务院同意在天津、上海、海南、重庆开展服务业扩大开放综合试点的批复。可见，我国对推进服务业发展和进一步深化改革开放程度的重视以及坚定的决心。

但我国服务业在参与国际分工的过程中仍面临诸多困境，一方面，鉴于自身发展起步晚，我国服务业在全球价值链中无论是在成本方面还是在技术方面，发展均受制于发达国家和服务大国，国际竞争力明显滞后且提高缓慢；另一方面，近年来世界经济发展趋缓，"逆全球化"发展势头逐渐显现，贸易保护主义日益猖獗，世界各国之间贸易冲突频繁发生，尤其是美国对我国发动的"贸易战"，其中很多方面均针对服务业。另外，在新冠肺炎疫情的影响下，被拆分到不同国家和地区的多个生产环节向某区域内或一国及周边地区收缩和集聚，全球价值链本土化和区域化属性不断增强，全球价值链长度出现逐渐萎缩的发展趋势。产业自身存在的诸多不足和外部环境的制约已经成为影响我国服务业在全球价值链中实现高质量发展的制约和不稳定因素，导致我国服务业始终难以摆脱"低端锁定"困境，致使产业链、供应链风险加剧，威胁我国经济安全和高质量发展。

在全球价值链重构的背景下，国家主席习近平于 2013 年 9 月和 10 月分别提出建设"新丝绸之路经济带"和"21 世纪海上丝绸之路"的合作倡议。"一带一路"倡议的提出为我国服务业参与全球价值链提供了新的动力及途径。在新冠肺炎疫情冲击全球经济、国内经济下行压力加大的环境下，商务部公布数据显示，截至 2020 年底，我国与 172 个国家和国际组织签署了 206 份共建"一带一路"合作文件。"十三五"时期，我国作为承接国与"一带一路"沿线国家服务外包执行额由 121. 5 亿美元增长至 197. 7 亿美元，累计 824. 5 亿美元，年均增长 10. 2%。其中，承接东盟服务外包执行额由 63. 1 亿美元增长至 103. 6 亿美元，累计 438 亿美元，年均增长 10. 4%；承接中东欧服务外包执行额由 3. 3 亿美元增长至 10. 7 亿美元，累计 32. 9 亿美元，年均增长 26. 8%，比中国承接离岸服务外包执行额年均增速高 16. 4%。[1] 可见，在不利的国际大背景下，我国服务业在"一带一路"沿线区域广泛而深入的交流和合作进展顺利。我国服务业不仅逐步深度融入"一带一路"区域价值链，而且"一带一路"沿线区域越来越成为我国服务业突破国际国内经济发展困境、实现产业在全球价值链中高质量发展的重要切入点。

另外，2020 年 11 月 15 日《区域全面经济伙伴关系协定》(RCEP)签署，标志着当前世界上人口最多、经贸规模最大、最具发展潜力的自由贸易区正式起航。2022 年 1 月 1 日，RCEP 正式生效，作为成员国之一，我国同 RCEP 其他成员国服务外包合作量质并举，市场份额进一步提升，我国对外发包迎来历史性发展机遇。

综上所述，服务业作为未来带动我国经济实现新增长的重要产业，当前的主要任务是深化产业分工，为了配合产业发展目标，政府及相关部门出台了一系列政策和措施。但在全球价值链中发达经济体和服务大国仍然占据主导和支配地位，我国服务业不仅处于被动地位，而且产业自身还存在诸多不足，在全球经济复苏缓慢和"逆全球化"盛行的背景下，我国服务

---

[1]　http：//images. mofcom. gov. cn/fms/202202/202202 18090927865. pdf.

业试图单纯通过深度参与全球价值链改变发展现状的难度较大。而在全球价值链区域化背景下，我国服务业在不同区域的发展为其在全球价值链中实现高质量发展提供了新的思路和途径，这构成本书的重要研究背景。

1.1.2　研究目的及意义

在"逆全球化"盛行、我国服务业在全球价值链中的发展受制于发达国家和服务大国，并且与其存在巨大差距的情况下，"一带一路"沿线区域市场为我国服务业更好地参与全球价值链提供了新的路径。因此本书在借鉴相关理论和学术成果的基础上，将理论分析与实证分析方法相结合，论述并检验了我国服务业在"一带一路"区域价值链中的发展对其在全球价值链中地位提升的影响方向以及传导机制。本书的研究目的如下。

第一，通过系统地回顾国际分工理论、全球价值链理论和增加值贸易理论的发展与演进过程，并对现有文献成果从我国服务业全球价值链、我国与"一带一路"沿线各国的服务业贸易、"一带一路"区域价值链三个层面进行系统整理的基础上，从理论分析的角度推断我国服务业在"一带一路"区域价值链中的发展对其全球价值链地位提升的影响方向以及影响机制，以此作为本书的理论基础，为接下来的实证分析提供参考。

第二，在增加值贸易理论和基于增加值统计口径的新型国际贸易统计体系的指引下，本书分别从服务业整体及其各细分行业层面，对我国向"一带一路"沿线区域和全球出口的服务数据进行分解，明确总出口额中不同来源和去向的增加值构成，以此为明确我国服务业在"一带一路"区域价值链和全球价值链中的参与模式以及位置提供数据依据。同时，还引入了同发达国家——美国及"一带一路"区域服务贸易发展良好的国家——波兰、俄罗斯、土耳其、希腊和印度的对比分析，以便更加清晰地了解我国服务业在全球价值链和"一带一路"区域价值链发展中存在的优、劣势。

第三，通过对我国服务业所面临的国际和"一带一路"区域背景进行分析，实现能够更长远地认识我国服务业在全球价值链和"一带一路"区域价值链未来发展空间及前景的目的，为后续对主题的分析提供现实基础。

第四，应用系统 GMM 模型对我国服务业参与"一带一路"区域价值链对其全球价值链地位提升的影响进行实证分析，并通过中介效应分析法对两者之间的促进机理进行检验，通过双重实证分析共同达到验证理论分析正确性的目标。

第五，在理论分析和实证分析的基础上，结合计量模型中各自变量对因变量的影响程度及方向，对未来我国服务业如何在全球价值链中实现地位的攀升，进而强劲带动国内经济增长提出相应的对策建议。

本书的研究意义主要体现在理论意义和现实意义两个方面。在理论意义方面，首先，传统的总值贸易统计体系对跨境商品中大量的中间投入品进行多次重复计算，不能准确地剥离出口总值中真正来自本国的增加值部分和进口于国外的增加值部分。在国际分工加速发展的背景下，传统的总值贸易统计方式导致过高或过低地测算了一国参与全球价值链的情况。因此本书以增加值为统计口径，力图真实地反映我国服务业及其各细分行业参与"一带一路"区域价值链和全球价值链的现状，从而提高在"一带一路"背景下我国服务业全球价值链地位提升研究内容的客观性、准确性和深刻性。其次，本书从增加值的角度出发，涵盖了服务业整体以及各细分行业，对我国在全球价值链和"一带一路"区域价值链中发展现状的成因进行深度解读，使研究内容更加深入。最后，本书创造性地将我国服务业"一带一路"区域价值链同全球价值链相结合，重点研究前者的发展对后者地位提升的影响，具有一定的理论意义。在现实意义方面，目前，在由发达国家和服务大国主导和控制的全球价值链下，我国服务业仍处于被动地位。加之全球经济增速缓慢，发达国家实行贸易保护，我国服务业试图单纯通过参与全球价值链分工转变发展困境十分艰难，更无法强势带动国内经济增长。而"一带一路"沿线区域市场为我国服务业参与国际分工提供了新的思路。我国服务业在参与"一带一路"区域分工的过程中会不会对全球价值链地位产生影响？会产生怎样的影响？以何种方式和途径进行传导？对上述问题的解答有利于明确我国服务业如何在"一带一路"背景下提升整体的竞争实力，向全球价值链高附加值位置迈进，进而实现为国内经济增长助力的目标。

1.2 研究的主要内容与框架

本书以国际分工理论、全球价值链理论和增加值贸易理论为基础，对我国服务业向"一带一路"沿线区域和世界的出口数据进行分解，一方面通过构建相关指标的形式分析我国服务业参与"一带一路"区域价值链和全球价值链的程度、方式和地位；另一方面，通过对分解的数据进行解读，从增加值的角度对形成此现状的成因进行分析。同时，结合我国服务业所处的国际环境和"一带一路"区域环境，预测其未来在不同价值链中的发展前景。接下来，在借鉴和吸收现有相关成果的基础上，从理论层面推断我国服务业在"一带一路"区域价值链中的发展会促进其全球价值链地位的提升，深度剖析了前者对后者的影响机理及攀升路径，并利用系统 GMM 模型实证检验了理论分析结果，运用中介效应分析法验证推动作用的传导机制。最后，利用理论和实证分析结果，为我国服务业能够在全球价值链中实现高质量发展进而为国内经济增长增添活力提供对策建议。基于以上研究思路，本书分别从七个方面进行阐述，各章节设置如下。

第一章是导论。这一章节主要介绍文章的选题背景，延伸出文章研究的理论与现实意义；概述了主要研究内容，并用框架图的形式明确文章框架结构；提炼研究方法，突出创新之处，并指出存在的不足。

第二章是理论基础和文献综述。这一章节首先对国际分工理论、全球价值链理论和增加值贸易理论的发展演进过程进行回顾，并对基于增加值统计口径的新型国际贸易统计体系的发展过程进行系统的梳理，然后分别从我国服务业全球价值链、我国与"一带一路"沿线各国的服务贸易和"一带一路"区域价值链这三个角度对已有文献成果进行总结并评述。

第三章是中国服务业在全球价值链中的发展现状以及前景。一方面本章节利用 WIOD 数据库 2016 年公布的世界投入产出表，采用王直等人(2015)对双边贸易数据的分解方法，分别从服务业整体和服务业各细分行业两个层面对 2000—2014 年我国向世界出口的服务贸易数据进行分解，从增加值的角度准确地衡量并解释我国参与全球价值链的现状及成因，进一步将我国同发达国家——美国进行对比，清晰地认识我国服务业在参与全球价值链中存在的不足之处；另一方面，根据目前我国服务业在参与国际分工过程中所面临的国际环境预测其未来的发展前景。

第四章是中国服务业在"一带一路"区域价值链中的发展现状以及前景。一方面，应用上一章同样的核算方法分解了我国向"一带一路"沿线区域服务出口数据，从增加值角度解析了我国服务业在"一带一路"区域价值链中的发展现状及成因，并通过与沿线主要服务贸易大国——波兰、俄罗斯、土耳其、希腊和印度进行对比分析，进一步明确我国服务业在"一带一路"区域价值链中的发展地位；另一方面，根据目前我国服务业在参与"一带一路"区域分工过程中所面临的区域环境预测其未来的发展前景。

第五章是区域价值链对全球价值链地位提升的影响机制和攀升路径。本章节首先在我国服务业参与全球价值链和"一带一路"区域价值链发展现状以及发展前景下，推断其在"一带一路"区域价值链中的发展将促进其在全球价值链地位的攀升，其次在相关理论的指导下，分别从要素禀赋、专业化分工、技术外溢、制度因素和需求因素五个方面分析我国服务业参与"一带一路"区域价值链对全球价值链地位提升的影响机制，并明确在每一个影响机制下具体的攀升路径。

第六章是区域价值链对全球价值链地位提升的实证分析。本章节将利用实证分析的方法对上述理论分析的相关结论及影响机理进行检验，主要由三个部分构成：一是直接检验我国服务业在"一带一路"区域价值链中的发展对其全球价值链地位提升的影响；二是将原模型中因变量——我国服务业全球价值链地位指数替换成我国服务业在除"一带一路"沿线国家以外的价值链地位指数，再次对原模型进行回归，以检验模型的稳健性；三是通过中介效应分析法对我国服务业通过参与"一带一路"区域价值链对其全球价值链地位提升产生影响的内在机理进行检验。

第七章是研究结论与政策建议。本章节将对全书研究结果进行总结，并据此为我国服务业在全球价值链中实现高发展目标提出针对性的对策建议。

基于各章节的主要内容，本书的研究框架具体如图 1-1 所示。

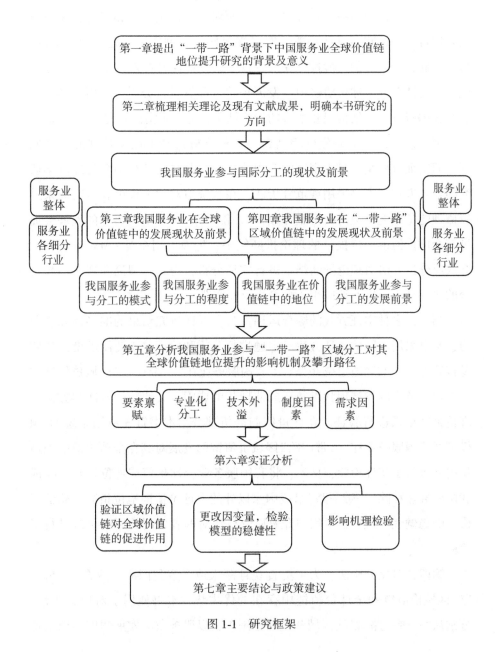

图 1-1 研究框架

1.3　研究方法

第一，归纳与演绎分析方法。一方面对相关理论体系和现有相关研究成果进行梳理，归纳总结一般性发展规律作为本书后续研究的理论基础；另一方面，以整理的一般性规律为背景，通过对我国服务业在"一带一路"区域价值链以及全球价值链中的发展现状及前景进行分析，采用演绎法得出与我国服务业发展情况相适应的理论结论，为后续实证研究奠定基础。

第二，规范与实证分析相结合。规范分析是基于理论基础的主观判断，而实证分析是立足于事实的客观分析，规范与实证相结合是经济学研究的重要方式。本书采用规范分析法，在系统地对相关理论和研究成果进行梳理的基础上，提出我国服务业在"一带一路"区域价值链中的发展会促进其全球价值链地位提升的理论推断结果，进而应用系统 GMM 方法和中介效应分析方法对理论推断结果进行实证分析，得到与理论和现实均相符合的研究结论，更好地应用于政策指导和实践。

第三，多种实证方式的综合运用。为了保证研究结果的准确性和说服力，本书采用不同的实证方法对主题进行分析和验证，既使用了增加值贸易核算方法，准确地定位并分析了我国服务业在"一带一路"区域价值链和全球价值链中的发展现状以及形成此现状的成因，又使用计量回归方法对理论推断结果进行验证。在计量回归分析部分，本书首先应用系统 GMM 模型对我国服务业在"一带一路"区域价值链的发展对其在全球价值链中地位提升进行了实证检验；接着，将我国服务业全球价值链地位指数替换成我国服务业在除"一带一路"沿线国家以外的全球价值链地位指数，验证了模型的稳健性；最后，运用中介效应分析法对两者之间的影响机制进行了检验。

第四，对比分析法。为了更直观且深入地了解我国服务业在"一带一路"区域价值链和全球价值链中存在的优劣势，本书使用了对比分析法，分别从"一带一路"沿线区域和全球范围内，以服务贸易发展程度为原则挑选代表性国家，将相关数据和指标与我国进行对比，更加清晰地明确了我国服务业在参与国际分工过程中存在的优势及不足之处。

1.4 创新与不足

1.4.1 创新之处

第一，在分析我国服务业以及各细分行业在"一带一路"区域价值链中发展现状时摒弃了传统总值贸易分析方法，以增加值贸易为统计口径，详细地分解了我国服务业向"一带一路"沿线区域出口的服务贸易数据，精确地分析了我国服务业在"一带一路"区域价值链中的参与方式及位置，符合当今社会产业真实的贸易情况。

第二，本书从增加值的角度深度解读我国服务业及其各细分行业在全球价值链和"一带一路"区域价值链中形成此发展现状的原因。本书将我国服务出口产品总价值按照增加值来源和去向进行分解，每个部分的占比情况及发展趋势均是形成我国服务业以及各细分行业目前参与国际分工现状的原因，从价值增值的角度对现状成因进行解读，更深刻地认识我国服务业发展过程中存在的优势及不足。

第三，在我国服务业在全球价值链中发展受阻的情况下，本书在"一带一路"倡议的指导下，结合相关理论和现有文献，创造性地将我国服务业"一带一路"区域价值链和全球价值链相结合，研究前者对后者的影响，对影响方向及影响机理进行了系统的理论及实证分析。

1.4.2 不足之处

本书的不足之处在于在进行数据分析和实证分析时采用的是 WIOD 数据库 2016 年公布的世界投入产出表，但该数据库的数据仅更新到 2014 年，所能获取的近期数据较少，导致本书并不能全面地反映我国服务业参与国际分工的最新情况。另外，WIOD 数据库公布的世界投入产出表中仅单独罗列了"一带一路"沿线区域服务贸易量较大的国家，并将所有贸易量较少的国家整合到 ROW 这一栏中体现，所以本书在使用 WIOD 数据库公布的数据进行分析时虽然能够部分反映我国服务业在"一带一路"区域价值链中的发展概况，但还是欠缺了一定的准确性。未来数据的获取如果能在考察时间跨度和"一带一路"沿线国家涵盖范围方面有所突破，就可以实现对我国服务业在"一带一路"沿线区域近年发展现状的准确研究，通过对我国服务业在"一带一路"区域价值链中不同阶段发展现状的研究，分析其对全球价值链地位指数提升影响的阶段性效果，从而为我国服务业抓住全球化发展机遇强劲带动国内经济增长提供依据，这是未来研究的方向之一。

2 理论基础与文献综述

2.1 理论基础

2.1.1 国际分工理论

1776 年亚当·斯密在《国富论》中首次提出了国际分工的概念，认为分工是社会不断向前发展的产物，可以促进劳动生产率的提高，并随着生产力的发展而进一步发展。随后，国际分工理论先后经历了产业间分工理论、产业内分工理论和产品内分工理论的发展历程。

1. 产业间分工理论

产业间分工是在亚当·斯密的绝对优势理论、大卫·李嘉图的比较优势理论以及赫克歇尔和俄林的要素禀赋理论的基础上发展起来的。亚当·斯密在《国富论》中提出的绝对优势理论认为，国际贸易的主要原因在于国与国之间的绝对成本差异，即若一国在某种商品的生产上所耗费的成本绝对低于其他国家，则该国在生产该产品方面就具有绝对优势，从而可以向其他国家出口，反之则进口。在绝对优势理论指导下，各国都应按照本国的绝对优势形成国际分工格局，各自向国际市场提供交换产品。绝对优势理论解释了产生国际贸易的部分原因，但由于该理论一方面以机会成本不变为前提，另一方面忽略了各国得益于各自所具有的比较优势，导致在产品生产过程中出现成本的巨大差异，并且这种差异不是静止的，而是随着时间的发展而不断变化的，最终使绝对成本理论不能解释现实中在各种产品生产上都具有绝对优势的国家与不具有绝对优势的国家之间贸易往来的存在，因此李嘉图的比较优势理论应运而生。

1817年，李嘉图在《政治经济学及赋税原理》中提出比较优势理论，认为国际贸易的产生并非源于成本的绝对差异，而是生产技术的相对差别，以及由此产生的相对成本差别。每个国家在具有的比较优势基础上决定生产何种类型的产品，主要的原则是集中生产并出口其具有"比较优势"的产品，进口其具有"比较劣势"的产品。比较优势贸易理论更普遍地解释了国际贸易产生的缘由和各方在国际贸易中的贸易利得，大大扩展并完善了绝对优势贸易理论。但比较优势理论仍有其弊端，那就是它仅强调了劳动要素投入所创造的价值，而忽略了其他生产要素投入的作用，如资本、资源等，因此比较优势理论对国际贸易的解释还有待发展。

为了弥补上述理论对国际贸易解释的缺陷，1933年赫克歇尔和俄林提出了生产要素禀赋理论，认为两个国家即使各个生产部门的技术水平均相同，只要两个国家生产要素禀赋存在差异，同样会形成不同的比较优势。即只要两国在生产不同产品时所需使用的要素比例不同，那么彼此之间就存在分工和贸易的可能。每个国家都应集中生产并出口本国要素丰裕程度较高的产品，反之则相反。除劳动要素以外，要素禀赋理论将其他生产要素也纳入其中，深入地发展了李嘉图的比较优势理论。

在以上三个理论的基础上构建了完整的产业间分工理论，详细地描述了不同产业产品生产之间的分工原理。

2. 产业内分工理论

在第三次科技革命的推动下，以原子能、电子计算机、空间技术和生物工程的发明和应用为主要标志，涵盖信息技术、新能源技术、新材料技术、生物技术、空间技术和海洋技术等诸多领域的一场信息控制技术革命爆发，生产力得以进一步发展，并不断拉大了不同部门之间的专业化水平和差异程度，致使生产过程变得更加复杂，为产业内分工理论的诞生奠定了现实基础。

产业内分工理论以不完全竞争和规模经济理论为基础。其中，不完全竞争理论最初用于解释金融市场状况，认为发展中国家的金融市场不是一个完全竞争的市场，因为贷款一方对借款人的情况无法做到全面了解，如果完全依靠市场机制就可能无法培育出一个社会所需要的金融市场。为了补救市场的失灵部分，有必要采用诸如政府适当介入金融市场以及借款人的组织化等非市场要素。规模经济理论认为，在某一特定时期，企业生产产品的绝对量增加时，会导致其单位成本下降，所以扩大经营规模可以降低平均成本，进而提高利润水平。

现实中各企业为实现对某种产品的生产需要采购各种专门的设备和工艺，还须投入大量的科研费用进行相关的科学研究。当完全竞争市场条件不满足时，在规模经济理论的指导下，企业只有进行大规模生产才能在经济上获利，这就促使产业内分工理论得以迅速发展和应用。

产业内分工是指部门内部生产专业化分工，主要有两种分工形式，分别是水平型产业内分工和垂直型产业内分工。前者的基础是要素投入、质量、价格等方面均较相似，仅在产品属性和特征上存在差异，是在生产消费者相似偏好的产品上部门内部的生产专业化形式；垂直型产业内分工是指某一种产品的生产过程中，技术和附加值程度较高的工序与较低的工序之间存在的部门内部分工形式。

3. 产品内分工理论

随着经济全球化和信息技术的迅猛发展，产品的生产过程被分割得更加细碎，各国越来越多地根据自身在产品不同生产阶段所具有的比较优势选择以何种方式参与到国际分工中，由此产生产品内分工形式。学者们除了使用产品内分工概念以外，还应用其他定义，如垂直专门化、价值链切片、国际生产分割等，但以上所有名词的核心内涵均相同，都表示特定产品生产过程中不同工序通过空间分散化展开成跨区域或跨国界的生产链条或体系。

产品内分工理论拓展了传统国际贸易理论的暗含假设，形成以下三个假设前提：第一，产品生产过程可以在广泛的地域内进行拆分；第二，各生产环节所消耗的要素量非均衡；第三，要素是异质的，并且有些要素几乎是非流动的和不可替代的。

总的来说，产品内分工是产业间分工理论和产业内分工理论在产品不同工序分工层次上的结合和延伸。① 鉴于产品生产过程中不同中间品投入的增加，产品内分工便成为以中间产品或零部件为主要形式的分工。

从国际分工理论的演进历史便可看出，国际分工形式的发展过程极大地促进了世界经济和贸易的发展，在促进全球价值链形成的同时不断深化和扩展全球价值链网络，从而出现了多种国际分工形式，如全球价值链分工、全球外包等。各国均可以不同形式参与全球价值链的方式获取不同比例的贸易利益，并在全球价值链中获得一席之地。

2.1.2 全球价值链理论

全球价值链概念的发展过程也是全球价值链理论的发展过程。全球价值链的概念是由价值链、价值增值链和全球商品链逐渐发展而来的。20 世纪 80 年代末，Porter 在其著作《竞争优势》(1985)中提出了价值链的概念，将其定义为"企业的日常行为是由一系列的生产活动构成的，企业的生产活动可以分为两种类型：基本活动和辅助活动，基本活动包括生产、物流、营销、售后等；辅助活动包括技术支持、人才培养、原材料采购等。这些功能不同又相互联系的生产活动所产生的一系列价值构成了企业的价值链"。1985 年，Kogut 提出了价值增值链的概念，认为"价值增值链是将技术、劳动力、原材料等生产要素有效组合，从而形成不同的生产环节，然后通过生产活动把这些不同的环节联系起来生产最终产品，并通过销售、购买、消费等行为实现价值循环的过程"。20 世纪 90 年代，Gereffi 提出了全球商品链的概念，认为"在价值链中起主导和支配性作用的跨国公

---

① 陶爱颖 . 产品内分工理论简介[J]. 中国市场，2010(35)：109.

司，在某一产品的生产过程中把在不同国家或地区进行不同阶段生产的企业整合在同一个生产链条中即形成了所谓的'全球商品链'"。2001 年，Gereffi 在其提出的"全球商品链"基础上形成了"全球价值链"，认为"全球价值链是在全球生产网络下考察参与国际分工的各经济体的价值创造能力和最终的利益分配情况的治理体系"。同年，斯特恩从组织规模、地理分布和生产性主体三个维度对全球价值链进行了界定。"从组织规模的角度，全球价值链包括参与了某种产品或服务的生产性活动的全部主体；从地理分布的角度，全球价值链必须具有全球性；从参与主体的角度，由一体化企业、零售商、领导厂商、交钥匙供应商和零部件供应商构成。"

在学者们对全球价值链概念进行研究的基础上，联合国工业发展组织也对全球价值链进行了定义，认为全球价值链是指"为实现商品或服务价值而连接生产、销售、回收处理等过程的全球性跨企业的网络组织，其中涉及原料采购和运输，半成品和成品的生产和分销，最终消费和回收处理等过程，包括所有参与者进行设计、产品开发、生产制造、营销、交货、消费、售后服务、最后循环利用等各种增值活动"。

关于全球价值链理论，可以概括成一种产品从最初的设计环节到最终的报废环节这一整个生命周期中所创造的全部价值增值活动的组合。Hummels(2001)提出的观点认为，全球价值链的形成需符合三个条件：第一，产品的生产过程需由多个不同的生产环节或不同的生产阶段构成；第二，在最终产品生产结束前，需有两个或两个以上国家参与其中，并分别担任某一环节或阶段的生产任务；第三，参与生产过程的国家中最少有一个国家通过进口别国的中间投入品用于生产出口的最终产品。

1. 全球价值链利益分配

根据全球价值链理论和其形成条件，随着全球价值链网络的构建和深化发展，全球价值链分工呈现出一个明显特征：发达国家主导全球价值链，并从中获取较大比例贸易利得。

1992 年，国内重要科技创业者宏碁集团创办人施振荣先生提出的"微笑曲线"(Smiling Curve)理论很好地诠释了全球价值链分工现状。"微笑曲线"理论认为,在附加价值的观念指导下,企业只有不断向高附加价值的生产区域移动,才能做到持续发展与永续经营。如图 2-1 所示。

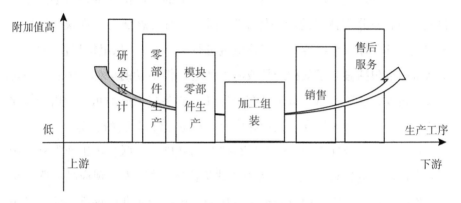

图 2-1 "微笑曲线"

从图 2-1 的"微笑曲线"便可看出,某一产品的生产过程主要包括研发设计、零部件生产、模块零部件生产、加工组装、销售和售后服务六个环节,其中两端朝上的部分——研发设计和售后服务,在整个生产工序中是包含附加值最多的两个环节,中间附加值最低的部分为加工组装。在现有的国际分工中,"微笑曲线"两端通常由发达国家控制,发达国家企业凭借其所拥有的高超技术、享誉全球的品牌、广阔的市场等核心竞争力,主导着研发设计和售后服务这两大高附加值生产阶段。其中,发达国家企业掌控研发设计阶段要归功于其较强的全球性竞争能力,而对售后服务阶段的掌控则得力于企业突出的当地性的竞争能力。同时,发达国家企业依据自身参与国际分工的战略,在综合考察其他国家资源禀赋的情况下,将产品生产所涉及的非核心的生产阶段在全球范围内进行分配。鉴于这些生产环节的技术含量较低,因此承接这些生产环节的国家从中获利甚微。由此可见,在产品生产过程中,发达国家不仅操控和主导着全球分工的运行,同时凭借核心技术从整个生产工序中截取了巨额利润,其他国家作为被操控者仅能从事低附加值工作,从中获得少量的贸易利得。

2. 全球价值链驱动机制

Gereffi(1994)将全球价值链分为两种类型：生产者驱动(producer-driven)和购买者驱动(buyer-driven)。通过表 2-1 关于生产者驱动型全球价值链和购买者驱动型全球价值链的简介和比较可知，所谓生产者驱动的全球价值链，指的是拥有先进技术和市场优势的大型制造商借由对前后生产过程的连结，通过提供、分配、服务来控制整个生产系统，形成全球范围内的生产供应网络和垂直专业化的分工体系。生产者驱动型全球价值链的最大特征是在这种全球价值链下通常由大型的跨国性企业充当协调整个生产系统的核心角色。

表 2-1 生产者和购买者型驱动的全球价值链比较

项目	生产者驱动型全球价值链	购买者驱动型全球价值链
动力根源	产业资本	商业资本
比较优势	研发与生产能力	设计、市场营销
分工形式	海外直接投资	外包网络
进入门槛	规模经济	范围经济
产业分类	耐用消费品、中间商品、资本商品等	非耐用消费品
制造企业的业主	跨国企业，主要位于发达国家	地方企业，主要在发展中国家
主要产业联系	以投资为主线	以贸易为主线
主导产业结构	垂直一体化	水平一体化
辅助体系	相对于软件，硬件更重要	相对于硬件，软件更重要
典型产业部门	航空器、钢铁等	服装、鞋、玩具等
代表性企业	波音、丰田等	沃尔玛、耐克等

资料来源：张辉. 全球价值链动力机制与产业发展策略[J]. 中国工业经济，2006(1)：44.

购买者驱动的全球价值链是由拥有良好品牌声誉和广大销售市场的企业集团通过全球采购、贴牌加工等生产方式构建全球商品流通网络，联结复杂的市场供求关系并满足强大的市场需求。购买者驱动型全球价值链通常是由大型零售商、品牌商和供应链管理者操控着，因为他们拥有有利的品牌优势和对销售渠道强大的掌控力。与生产者驱动型全球价值链的掌控者不同，这些大型购买商虽然不具备生产能力，但却可以凭借其对市场需求的垄断吸引众多供应商，使其实际具有强大的生产能力。

目前，全球价值链动力机制出现向购买者驱动型演变的发展趋势，主要原因在于以下两点。第一，市场需求对厂商产品研发能力提出更高要求，一方面对于产品已经走向成熟的厂商而言，进一步研发的空间不大；另一方面，在知识经济时代，提高了知识与创新的离散化程度，致使生产者驱动的全球价值链中领导者维持其研发与创新垄断地位的能力逐渐削弱。所以在生产者驱动的全球价值链中领导者面临的竞争压力陡增。第二，市场需求越来越重要，从而大型购买商地位逐步提升。正是上述两方面原因造成全球价值链的驱动力呈现出由生产者驱动向购买者驱动转变的趋势。导致这种发展趋势的因素在未来一段时间还将继续存在并不断增强，因此，我们可以预测，全球价值链驱动机制的这种转变还会持续下去[1]。

3. 全球价值链治理

全球价值链治理，是指通过价值链对各生产主体之间关系和制度进行管理，从而实现价值链分工活动协调且有序地进行。有的全球价值链治理理论从全球价值链驱动机制的角度出发，将全球价值链治理模式分为两种：其一是价值链自主分层模式，主要侧重强调全球价值链中领导企业的带头治理作用；其二是"半等级制"（Humphrey & Schmitz，2001），强调全球大型采购商在全球价值链治理中的领导性作用。可见，这种对全球价值

---

[1]　蒙丹. 全球价值链驱动机制演变趋势及启示[J]. 发展研究，2011（2）：10-12.

链治理方式的分类主要依据生产主体在全球分工网络中的协调能力。

还有的理论将全球价值链治理模式分成五种。第一，市场型治理模式，该模式下参与产品国际生产分工的企业在转换合作方的过程中所产生的成本较低，市场化程度较高，无需外部协助便可轻松快捷地完成市场交易；第二，模块型治理模式，该治理模式下产品生产过程中的大型供应商依据客户偏好生产产品，由于零部件生产过程有统一标准，供应商有能力提供一整套"交钥匙服务"，得益于转换贸易伙伴的成本较低和供应商有实力处理复杂的信息交换工作，模块型全球价值链治理模式下不需要外部协助便可自行实现市场交易；第三，关系型治理模式，这种模式下供应商与采购商之间有着复杂的关系，因此它们之间存在较强的相互依赖性，并且合作企业之间转换合作伙伴的成本也较高，这种模式下全球价值链治理时就需要大量外部力量的协助；第四，领导型治理模式，该模式与模块型治理模式相近，大型采购商在其中起着主导作用，但领导型治理模式下由于产品信息复杂，大型供应商没有足够的能力独立承担工作，因此引入领导型企业，这无疑增加了转换合作伙伴的成本，因而该模式下全球价值链的治理受制于领导型采购商；第五，等级型治理模式，该模式与领导型治理模式类似，均由领导型企业控制重要资源以及对专有资产进行管理，但等级型治理模式下领导型企业倾向在企业内部构建垂直生产体系，即企业内部的垂直一体化①。

4. 全球价值链升级路径

(1)嵌入购买者驱动的全球价值链升级路径

购买者驱动的全球价值链中居于主导地位的企业是拥有强大品牌优势和国内销售渠道的经济体，其动力来源是商业资本，核心竞争力在于品牌、渠道控制等方面。因此，该类企业实现价值链升级的途径也主要集中

---

① 王京晶. 高技术产业全球价值链研究——分工形态与价值链低端经济体产业升级[D]. 上海：上海社会科学院，2013：15-16.

在进一步强化品牌、渠道控制等方面。若在该价值链模式下以加工贸易为主嵌入，一般情况下实现附加值的增加较为困难，这类企业要发展只能在现有价值链下不断向主导企业学习经验，以提高自身技能，从而实现转型升级，最终提高竞争力。

（2）嵌入生产者驱动的全球价值链升级路径

生产者驱动的全球价值链中主导企业发展的动力来源是产业资本，其核心竞争能力体现在研发设计等方面。Gereffi（1999）等认为，基于生产者驱动的升级路径是嵌入全球价值链的企业与同在该价值链中的主导企业建立合作关系，利用价值链治理产生的信息流动、知识溢出和动态学习效应，通过合作创新，对技术进行引进、消化和吸收，提高自主创新能力，最终实现在全球价值链中的攀升。

（3）嵌入多主体驱动的全球价值链升级路径

全球价值链升级的上述两条路径并不是相互独立和相互排斥的，而是可以相互转换和相互融合的。在发展过程中，针对不同的目标市场和发展环境，企业可以因地制宜地实施不同的组合型升级策略。

2.1.3 增加值贸易理论

1. 增加值贸易的理论渊源

20 世纪 50 年代之前，世界各经济体之间的贸易主要以最终产品的形式进行跨境流动，因此，国际贸易的统计方法遵循《国民经济核算体系》（1953）中的"物品跨境原则"和"原产地原则"。虽然传统的总值贸易统计方法在很长的一段时间里对获取各国或地区的贸易数据进而影响政策走向方面起主导性作用，但在这种核算体系下存在一个致命的缺陷：产品的价值全部归功于出口该产品的经济体，完全忽视了该出口产品中除最终出口国以外的来自其他国家的增加值投入。

随着全球价值链分工体系的深化发展，产品的生产过程不断细碎化，各生产工序不仅在一国或地区内部进行，甚至还多次跨越国界分配生产环节，这使得中间产品贸易越来越普遍，改变着世界贸易的格局和生产组织的模式。在中间品经过多次跨境流动，产品价值中包含了越来越多的来自多个国家或地区的增加值背景下，应用传统的总值贸易统计体系获得的贸易数据由于不能按照增加值投入来源进行分解，所以已经无法真实反映参与产品生产环节的各方在全球价值链中的分工地位和利润收入。

具体来说，传统总值贸易统计方法的缺陷体现在以下两个方面。一方面，贸易总值中包含对中间产品的重复计算部分。在国际分工深化发展的背景下，中间产品的跨境流动现象越来越频繁，而总值贸易统计方法对中间产品的每一次跨境流动都计入国际贸易收支账户，无疑会造成对多次跨境流动的中间品的重复计算。这种重复计算对发展中国家影响较大，因为发展中国家一般处于价值链低端的加工组装环节，其生产活动需要进口大量的中间投入品，所以以传统贸易统计方法计算发展中国家贸易量时会出现较高的出口额，但实质上由发展中国家自身创造的价值增值部分占贸易总值的比重却较少，最终造成发展中国家贸易的顺逆差情况与贸易所获利润不相匹配。另外，由于无法对出口产品中来自其他国家和地区投入的增加值部分进行分离，所以也无法真实反映世界各经济体在国际分工中的地位和贸易利益。另一方面，对贸易发展现状以及政策的制定产生误导。由于传统总值贸易统计方法对多次跨境流动的中间品存在重复计算的问题，造成处于全球价值链低端的国家贸易额过高，与其他贸易伙伴国之间的贸易差额偏离事实，进而限制了出台的贸易政策对解决当前贸易存在的问题的能力。

2. 基于增加值口径的新型国际贸易统计体系

20 世纪 80 年代以来，由于信息通信技术的高速发展、各国劳动力成本的差异、全球范围内关税水平的显著下降等因素的共同作用，跨国生产协作成为可能。全球价值链分工模式逐渐显现，改变了参与贸易各方利润的分配，若不能将出口产品按照增加值的不同进行分解，将无法得到与本国投入的资源量相符合的贸易利润，不利于发现一国在贸易结构和增长方式方面存在的问题，阻碍制定合理双赢的贸易政策，限制本国国际分工地位的提升。基于此，诸多学者研发了多种方法对国家、企业、行业、产品等层次的贸易数据进行分解并构建相关指标，从价值增值的角度准确分析各层次贸易在价值链中的参与模式、地位、竞争力等。

(1)垂直专业化指数

Hummels 等(2001)提出"垂直专业化指数"(HIY 模型)，用以测量一国出口中的进口投入品价值(国外附加值)，是最早使用国家投入产出表对全球价值链(Global Value Chain，GVC)进行测度的方法。具体推导如下。

假设经济中有 n 个部门，M_i 表示行业 i 进口的中间投入额，Y_i 表示行业 i 的总产出，X_i 表示行业 i 的总出口，则行业 i 总出口额中包含的进口中间投入，即行业 i 垂直专业化的数量为：

$$vs_i = (M_i/Y_i)X_i = (X_i/Y_i)M_i \qquad (2-1)$$

行业 i 出口额中包含的进口中间投入的比重，即行业 i 的垂直专业化比重为：

$$vsi_i = (X_i/Y_i)M_i/X_i = M_i/Y_i \qquad (2-2)$$

各个行业出口额中的进口中间投入比重，即各行业整体的垂直专业化比重为：

$$vsi_i = vs/X = \frac{\sum_i vs_i}{\sum_i X_i} = \frac{\sum_i \left(\frac{vs_i}{X_i}\right)}{\sum_i X_i} = \sum_i \left[\left(\frac{X_i}{X_k}\right)\left(\frac{vs_i}{X_i}\right)\right] \qquad (2-3)$$

其中，$X_k = \sum_i X_i$，表示各行业的出口总和。将式(2-1)代入式(2-3)，可得：

$$vsi_i = \frac{\sum_i vs_i}{X_k} = \frac{1}{X}uA^MX^V \qquad (2-4)$$

其中，M_{ji} 为 i 行业从别国 j 行业进口的中间投入；u 为 $1*n$ 维元素为 1 的向量；A^M 为 $n*n$ 维进口系数矩阵，是对进口中间产品的依存系数矩阵；X^V 为 $n*1$ 维出口向量。若引入完全系数矩阵，则有：

$$\mathrm{vsi} = \frac{1}{X} u A^M (I - A^D)^{-1} X^V \qquad (2\text{-}5)$$

其中，A^D 为国内消耗系数矩阵。$A^D + A^M = A$，A 是投入产出表中的直接消耗系数矩阵。$(I - A^D)^{-1}$ 为列昂惕夫逆矩阵，表示各行业进口的中间投入成为最终出口品之前，在第 2、第 3……第 n 阶段体现在国内产出上的一种直接和间接的循环累积效应。

但是该方法存在以下局限性：首先，假设国内消费品与出口品中使用的进口中间品比例完全一致，这在加工贸易存在的情况下与现实相背离；其次，假设一国仅以使用进口投入品生产并出口的方式参与国际分工，则忽略了使用进口投入品经加工成半成品再出口给第三国，然后由第三国生产成最终品并进行出口的情况；最后，假设所有进口投入品完全是由外国制造的，这就意味着一国不进口包含本国附加值的中间品，这在多国均出口中间品的情况下很难成立。因此，在全球价值链网络日益完善的背景下，垂直专业化指标不能准确衡量一国参与全球价值链的情况。[1]

（2）附加值贸易法

附加值贸易法对 Hummels 等（2001）提出的方法进行了完善，其优点在于：一方面，使用世界投入产出表可以更加准确地反映出一国出口中对其他国家中间投入品的进口情况，解决了 HIY 模型中第一个假设存在的缺陷；另一方面，可以更加准确地分离一国出口产品中的间接附加值和再进口附加值，从而克服了 HIY 模型中第二个和第三个假设的缺陷。[2]

最早使用世界投入产出表测量贸易附加值的是 Johnson & Noguera（2012）、Daudin et al.（2011）以及 Koopman et al.（2014）。其中，Koopman et al.（2014）将现有文献中的衡量指标统一到一个分析框架下，将总出口分解为各附加值部分，并且将官方的数据与附加值贸易的相关指标联系起来，该方法的推导情况如下。

---

① 刘琳. 中国参与全球价值链的测度与分析——基于附加值贸易的考察[J]. 世界经济研究，2015（6）：80.

② 刘琳. 中国参与全球价值链的测度与分析——基于附加值贸易的考察[J]. 世界经济研究，2015（6）：80.

假设有 G 个经济体 $(m = 1, 2, \cdots, G$，以下标表示$)$，N 个行业，那么跨国投入 - 产出关系可表示如下：

$$
\begin{bmatrix} X_1 \\ X_2 \\ \vdots \\ X_G \end{bmatrix} = \begin{pmatrix} I - A_{11} & -A_{12} & \cdots & -A_{1G} \\ -A_{21} & I - A_{22} & \cdots & -A_{2G} \\ \vdots & \vdots & \ddots & \vdots \\ -A_{G1} & I - A_{G2} & \cdots & I - A_{GG} \end{pmatrix}^{-1} \begin{bmatrix} \sum\limits_r^G Y_{1r} \\ \sum\limits_r^G Y_{2r} \\ \vdots \\ \sum\limits_r^G Y_{Gr} \end{bmatrix} \tag{2-6}
$$

$$
= \begin{bmatrix} B_{11} & B_{12} & \cdots & B_{1G} \\ B_{21} & B_{22} & \cdots & B_{2G} \\ \vdots & \vdots & \ddots & \vdots \\ B_{G1} & B_{G2} & \cdots & B_{GG} \end{bmatrix} \begin{bmatrix} Y_1 \\ Y_2 \\ \vdots \\ Y_G \end{bmatrix} \tag{2-7}
$$

$$
\begin{bmatrix} X_{11} & X_{12} & \cdots & X_{1G} \\ X_{21} & X_{22} & \cdots & X_{2G} \\ \vdots & \vdots & \ddots & \vdots \\ X_{G1} & X_{G2} & \cdots & X_{GG} \end{bmatrix} = \begin{bmatrix} B_{11} & B_{12} & \cdots & B_{1G} \\ B_{21} & B_{22} & \cdots & B_{2G} \\ \vdots & \vdots & \ddots & \vdots \\ B_{G1} & B_{G2} & \cdots & B_{GG} \end{bmatrix} \begin{bmatrix} Y_{11} & Y_{12} & \cdots & Y_{1G} \\ Y_{21} & Y_{22} & \cdots & Y_{2G} \\ \vdots & \vdots & \ddots & \vdots \\ Y_{G1} & Y_{G2} & \cdots & Y_{GG} \end{bmatrix}
$$

$$
\tag{2-8}
$$

其中，A_{sr} 是一个 $N * N$ 维的投入产出系数矩阵；B_{sr} 是一个 $N * N$ 维的里昂惕夫逆矩阵；X_{sr} 是一个 $N * 1$ 维的总产出矩阵，这个总产出矩阵表示在 s 国生产并最终在 r 国被吸收的总产出矩阵；$X_s = \sum\limits_r^G X_{sr}$ 是国家 s 的总产出矩阵；Y_{sr} 是一个在 s 国生产的最终产品并在 r 国被最终消费的 $N * 1$ 维矩阵；$Y_s = \sum\limits_r^G Y_{sr}$ 是全球对国家 s 生产的最终产品的需求矩阵。

$$
\boldsymbol{VB} = \begin{bmatrix} V_1 B_{11} & V_1 B_{12} & \cdots & V_1 B_{1G} \\ V_2 B_{21} & V_2 B_{22} & \cdots & V_2 B_{2G} \\ \vdots & \vdots & \ddots & \vdots \\ V_G B_{G1} & V_G B_{G2} & \cdots & V_G B_{GG} \end{bmatrix} \tag{2-9}
$$

其中，V_s 是 $1*N$ 维的直接价值增值系数矩阵，将附加值系数矩阵与里昂惕夫逆矩阵相乘得到最终的附加值矩阵 VB。

令 $\hat{V}_s$ 为沿对角线分布的 $N*N$ 维的直接价值增值系数矩阵。

$$\hat{V} = \begin{bmatrix} \hat{V}_1 & 0 & \cdots & 0 \\ 0 & \hat{V}_2 & \cdots & 0 \\ \vdots & \vdots & \ddots & \vdots \\ 0 & 0 & \cdots & \hat{V}_G \end{bmatrix} \quad (2\text{-}10)$$

$$\begin{bmatrix} \hat{V}_1 & 0 & \cdots & 0 \\ 0 & \hat{V}_2 & \cdots & 0 \\ \vdots & \vdots & \ddots & \vdots \\ 0 & 0 & \cdots & \hat{V}_G \end{bmatrix} \begin{bmatrix} X_{11} & X_{12} & \cdots & X_{1G} \\ X_{21} & X_{22} & \cdots & X_{2G} \\ \vdots & \vdots & \ddots & \vdots \\ X_{G1} & X_{G2} & \cdots & X_{GG} \end{bmatrix}$$

$$= \begin{bmatrix} V_1 \sum\limits_r^G B_{1r}Y_{r1} & V_1 \sum\limits_r^G B_{1r}Y_{r2} & \cdots & V_1 \sum\limits_r^G B_{1r}Y_{rG} \\ V_2 \sum\limits_r^G B_{2r}Y_{r1} & V_2 \sum\limits_r^G B_{2r}Y_{r2} & \cdots & V_2 \sum\limits_r^G B_{2r}Y_{rG} \\ \vdots & \vdots & \ddots & \vdots \\ V_G \sum\limits_r^G B_{Gr}Y_{r1} & V_G \sum\limits_r^G B_{Gr}Y_{r2} & \cdots & V_G \sum\limits_r^G B_{Gr}Y_{rG} \end{bmatrix} \quad (2\text{-}11)$$

将各国直接价值增值系数矩阵与各国生产矩阵相乘得到式(2-11)，为价值增值生产矩阵。该矩阵沿着行上的元素表示由某个经济体产生的增加值被其自身以及所有下游经济体所使用，这是基于前向关联或供给视角的分解；该矩阵沿着列上的元素表示某个经济体最终品产出中所隐含的来自其自身以及所有上游经济体的增加值投入，这是基于后向关联或使用者视角的分解；对角线上的元素表示各国生产的价值增值在本国内部被吸收的部分；非对角线上的元素为价值增值的出口，即

$$VT_{s*} = \sum_{r \neq s}^{G} VX_{sr} = V_s \sum_{r \neq s}^{G} \sum_{g=1}^{G} B_{sg} Y_{gr} \tag{2-12}$$

很明显，式(2-12)排除了由本国生产的价值增值在国外被加工后返回本国的部分。将上式进一步分解得：

$$VT_{s*} = V_s \sum_{r \neq s}^{G} B_{ss} Y_{sr} + V_s \sum_{r \neq s}^{G} B_{sr} Y_{rr} + V_s \sum_{r \neq s}^{G} \sum_{t \neq s, r}^{G} B_{sr} Y_{rt} \tag{2-13}$$

其中，等式右侧第一项表示国家最终产品出口中的价值增值部分；等式右侧第二项表示国家出口的中间品中包含的价值增值部分，这部分中间品被直接进口商用来生产最终产品，并被直接进口商直接消费掉；等式右侧最后一项表示国家出口的中间品中包含的价值增值部分，这部分中间品被直接进口商用来给第三国生产最终产品。

一国对世界的出口总额可以表示为一国向世界出口的中间品总价值与最终品总价值之和，即

$$E_{s*} = \sum_{r \neq s}^{G} E_{sr} = \sum_{r \neq s}^{G} (A_{sr} X_r + Y_{sr}) \tag{2-14}$$

运用式(2-14)的增加值方式将一国对世界的总出口进行重新定义，具体形式如下：

$$uE_{s*} = V_s B_{ss} E_{s*} + \sum_{r \neq s}^{G} V_r B_{rs} E_{s*} = VT_{s*} + \left\{ V_s \sum_{r \neq s}^{G} B_{sr} Y_{rs} + V_s \sum_{r \neq s}^{G} B_{sr} A_{rs} X_s \right\} +$$
$$\left\{ \sum_{t \neq s}^{G} \sum_{r \neq s}^{G} V_t B_{ts} Y_{sr} + \sum_{t \neq s}^{G} \sum_{r \neq s}^{G} V_t B_{ts} A_{sr} X_r \right\} \tag{2-15}$$

因为一国的总产出又可以被定义为：

$$X_s = Y_{ss} + A_{ss} X_s + E_{s*} \tag{2-16}$$

进一步整理可得：

$$X_s = (I - A_{ss})^{-1} Y_{ss} + (I - A_{ss})^{-1} E_{s*} \tag{2-17}$$

将式(2-13)和式(2-17)代入总出口分解式(2-15)中得到总出口的详细分解式：

$$uE_{s*} = \left\{ V_s \sum_{r \neq s}^{G} B_{ss} Y_{sr} + V_s \sum_{r \neq s}^{G} B_{sr} Y_{rr} + V_s \sum_{r \neq s}^{G} \sum_{t \neq s, r}^{G} B_{sr} Y_{rt} \right\} + \left\{ V_s \sum_{r \neq s}^{G} B_{sr} Y_{rs} + \right.$$
$$\left. V_s \sum_{r \neq s}^{G} B_{sr} A_{rs} (I - A_{ss})^{-1} Y_{ss} \right\} + V_s \sum_{r \neq s}^{G} B_{sr} A_{rs} (I - A_{ss})^{-1} E_{s*} +$$

$$\left\{ \sum_{t\neq s}^{G} \sum_{r\neq s}^{G} V_t B_{ts} Y_{sr} + \sum_{t\neq s}^{G} \sum_{r\neq s}^{G} V_t B_{ts} A_{sr} (I - A_{rr})^{-1} Y_{rr} \right\} +$$

$$\sum_{t\neq s}^{G} V_t B_{ts} A_{sr} \sum_{r\neq s}^{G} (I - A_{rr})^{-1} E_{r*} \tag{2-18}$$

其中，等式右侧第一个括号中的内容表示一国价值增值出口，第一项表示 s 国出口的最终产品中包含的国内价值增值部分；第二项表示 s 国出口的中间产品中包含的国内价值增值部分；第三项表示 s 国出口到 r 国的中间品经 r 国加工成最终消费品出口到第三国的国内增加值部分，即为 s 国的间接附加值出口，记为 IV_{s*}。第二个括号中的内容是在官方出口数据中重复计算的部分，重复计算的原因在于这部分计算的是 s 国进口的中间品和最终品中包含的本国价值增值部分，这部分价值增值最初被 s 国出口，最终又通过进口返回国内，并在国内被最终消耗掉。加总前两个括号中的内容便得出一国出口中国内价值增值（DV_s）。第三个括号中的内容表示一国出口中包含的外国价值增值部分（FV_{s*}），其中第一项表示最终产品出口中包含的国外增加值，说明 s 国主要利用进口零部件从事最终产品组装的生产活动，只是参与全球价值链中低端的跨国生产分工；第二项为 s 国中间出口品中国外价值增值部分，该部分比例越高，特别是越来越多的这些中间贸易品被出口到第三国并用于最终产品生产，意味着该国正在进行产业升级，从全球价值链的低端向中间环节爬升。最后，剩余部分是纯重复计算部分。

通过上述对一国总出口的分解，可构建如下指标。

第一，垂直专业化指标。

有两种方法衡量一国的垂直专业化程度，第一种方法是测算一国出口中包含的国外增加值占比，即

$$\mathrm{VS}_s = \sum_{t\neq s}^{G} \sum_{r\neq s}^{G} V_t B_{ts} Y_{sr} + \sum_{t\neq s}^{G} \sum_{r\neq s}^{G} V_t B_{ts} A_{sr} X_r \tag{2-19}$$

第二种方法是衡量出口商品中被别国当作进口投入用来生产出口产品的部分，即

$$\mathrm{VS1}_s = V_s \sum_{r \neq s}^{G} B_{sr} E_{r*} = V_s \sum_{r \neq s}^{G} \sum_{t \neq s,r}^{G} B_{sr} Y_{rt} + V_s \sum_{r \neq s}^{G} \sum_{t \neq s,r}^{G} B_{sr} A_{rt} X_t + V_s \sum_{r \neq s}^{G} B_{sr} Y_{rs} +$$

$$V_s \sum_{r \neq s}^{G} B_{sr} A_{rs} X_s \tag{2-20}$$

第二，后向关联度指数。

$$\mathrm{FV}_{s*}\_\mathrm{share} = \mathrm{FV}_{s*} / E_{s*} \tag{2-21}$$

$\mathrm{FV}_{s*}\_\mathrm{share}$ 的数值越大，说明 s 国在 GVC 生产中对其他国家的"上游依赖"程度越大。

第三，前向关联度指数。

$$\mathrm{IV}_{s*}\_\mathrm{share} = \mathrm{IV}_{s*} / E_{s*} \tag{2-22}$$

$\mathrm{IV}_{s*}\_\mathrm{share}$ 的数值越大，说明在 GVC 生产中其他国家对 s 国中间产品投入的依赖程度越大。

第三，基于产出的价值链关联指数。

$$\mathrm{GVCL}_s = (B^2 Y)/X \tag{2-23}$$

该指数为大于等于1的数，该指数越大，则表示国家 s 总产出中的中间使用部分所占份额就越高，当国家 s 的所有产出均用作最终使用而非其他经济体的中间使用时，该指数等于1。

第四，基于投入的价值链关联指数。

$$\mathrm{GVCL}_s = (VB^2)/X \tag{2-24}$$

该指数同样为大于等于1的数，该指数越大，则国家 s 总投入中的中间投入部分所占份额就越高。当国家 s 的所有投入均是初始投入而非其他经济体的中间投入时，该指数等于1。

第五，最终需求贡献率。

$$\mathrm{FD}_{s*}\_C = \mathrm{DVFF}_{ij} / \mathrm{GDP}_s \tag{2-25}$$

其中，DVFF_{ij} 表示其他国家的最终需求中包含的由 s 国创造的附加值部分，表示 s 国的同期国内生产总值。最终需求贡献率实质上反映出 GVC 下其他国家最终需求对 s 国 GDP 增长的贡献程度。其他国家的最终需求贡献率上升，s 国对其他国家的"最终需求依赖"程度上升，其他国家的最终需求对 s 国经济增长的拉动作用增强。

第六，GVC 参与率指数。

$$\text{GVC\_Participation}_s = \text{IV}_{s*}/E_{s*} + \text{FV}_{s*}/E_{s*} \qquad (2\text{-}26)$$

该指数越高，表示 s 国参与价值链的程度越高，反之则相反。

第七，GVC 地位指数。

$$\text{GVC\_Position}_s = \text{In}(1 + \text{IV}_{s*}/E_{s*}) - \text{In}(1 + \text{FV}_{s*}/E_{s*}) \qquad (2\text{-}27)$$

该指数越大，表明一国越占据价值链的上游位置，处于指导和支配地位，相反则表明一国越处于价值链的下游位置，必然受到上游国家的控制和压榨。

但上述库普曼等提出的方法存在缺陷，即该方法只能分解一国总出口，不能反映不同出口品在进行各种增加值和重复计算分解时的异质性。于是王直等（2015）发展了 Koopman 等（2014）的分解法，将一国总贸易流分解法扩展到部门层面、双边层面和部门/双边层面，将各层面的国际贸易流分解为增加值出口、返回的国内增加值、国外增加值和纯重复计算的中间品贸易等部分，并根据贸易品的价值来源、最终吸收地和吸收渠道的不同，最终将出口贸易数据分为 16 个不同的部分，建立了从官方贸易总值统计到贸易增加值统计的一套完整核算法则。

具体的，在 Koopman 分解的基础上，王直等（2015）首先将式（2-8）右侧展开，将 R 国总产出 X^r 分解为不同最终品所拉动的产出：

$$X^r = B^{rs}Y^{ss} + B^{rs}Y^{sr} + B^{rs}Y^{st} + B^{rr}Y^{rs} + B^{rr}Y^{rr} + B^{rr}Y^{rt} + B^{rt}Y^{ts} +$$
$$B^{rt}Y^{tr} + B^{rt}Y^{tt} \qquad (2\text{-}28)$$

因此，按照中间出口的最终吸收地及吸收渠道的不同，可以将 S 国向 R 国的中间出口分解为以下 9 个部分：

$$Z^{sr} = A^{sr}X^r = A^{sr}B^{rs}Y^{ss} + A^{sr}B^{rs}Y^{sr} + A^{sr}B^{rs}Y^{st} + A^{sr}B^{rr}Y^{rs} + A^{sr}B^{rr}Y^{rr} +$$
$$A^{sr}B^{rr}Y^{rt} + A^{sr}B^{rt}Y^{ts} + A^{sr}B^{rt}Y^{tr} + A^{sr}B^{rt}Y^{tt} \qquad (2\text{-}29)$$

接着，因为任一单位的最终品产出都可以被完整地分解为所有参与生产的国家和部门的增加值，因此式（2-9）中每一列的元素之和均为 1，即

$$V_1B_{11} + V_2B_{21} + \cdots + V_GB_{G1} = u \quad u = (1, 1, \cdots, 1) \qquad (2\text{-}30)$$

以 E^{sr} 表示 S 国向 R 国的出口，则应包括两部分内容——最终出口和中

间出口。即 $E^{sr} = A^{sr}X^r + Y^{sr}$。若以世界上仅存在 S、R 和 T 三个国家为例，S 国的总出口就可以表示为：$E^s = E^{sr} + E^{st} = A^{sr}X^r + Y^{sr} + A^{st}X^t + Y^{st}$。同理，也可相应地表示出 R 国和 T 国的总出口，写成矩阵形式就为：

$$\begin{bmatrix} A^{ss} & 0 & 0 \\ 0 & A^{rr} & 0 \\ 0 & 0 & A^{tt} \end{bmatrix} \begin{bmatrix} X^s \\ X^r \\ X^t \end{bmatrix} + \begin{bmatrix} Y^{ss} + E^s \\ Y^{rr} + E^r \\ Y^{tt} + E^t \end{bmatrix} = \begin{bmatrix} X^s \\ X^r \\ X^t \end{bmatrix} = \begin{bmatrix} L^{ss}Y^{ss} + L^{ss}E^s \\ L^{rr}Y^{rr} + L^{rr}E^r \\ L^{tt}Y^{tt} + L^{tt}E^t \end{bmatrix} \quad (2\text{-}31)$$

其中，$\boldsymbol{L^{ss}} = (I - A^{ss})^{-1}$ 表示 S 国的国内里昂惕夫逆矩阵，$\boldsymbol{L^{rr}}$ 和 $\boldsymbol{L^{tt}}$ 含义与之类似。根据式（2-30），可将 S 国向 R 国出口的中间品表示为：

$$Z^{sr} = A^{sr}X^r = A^{sr}L^{rr}Y^{rr} + A^{sr}L^{rr}E^r \quad (2\text{-}32)$$

结合式（2-29）、式（2-30）和式（2-32），S 国向 R 国出口可以分解为：

$$\begin{aligned}
E^{sr} &= A^{sr}X^r + Y^{sr} = (V^s B^{ss})'\#Y^{sr} + (V^r B^{rs})'\#Y^{sr} + (V^t B^{ts})'\#Y^{sr} + \\
&\quad (V^s B^{ss})'\#(A^{sr}X^r) + (V^r B^{rs})'\#(A^{sr}X^r) + (V^t B^{ts})'\#(A^{sr}X^r) \\
&= (V^s B^{ss})'\#Y^{sr} + (V^s L^{ss})'\#(A^{sr}B^{rr}Y^{rr}) + (V^s L^{ss})'\#(A^{sr}B^{rt}Y^{tt}) + \\
&\quad (V^s L^{ss})'\#(A^{sr}B^{rr}Y^{rt}) + (V^s L^{ss})'\#(A^{sr}B^{rt}Y^{tr}) + (V^s L^{ss})'\#(A^{sr}B^{rr}Y^{rs}) + \\
&\quad (V^s L^{ss})'\#(A^{sr}B^{rt}Y^{ts}) + (V^s L^{ss})'\#(A^{sr}B^{rs}Y^{ss}) + (V^s L^{ss})'\# \\
&\quad [A^{sr}B^{rs}(Y^{sr} + Y^{st})] + (V^s B^{ss} - V^s L^{ss})'\#(A^{sr}X^r) + (V^r B^{rs})'\#Y^{sr} + \\
&\quad (V^r B^{rs})'\#(A^{sr}L^{rr}Y^{rr}) + (V^r B^{rs})'\#(A^{sr}L^{rr}E^r) + (V^t B^{ts})'\#Y^{sr} + \\
&\quad (V^t B^{ts})'\#(A^{sr}L^{rr}Y^{rr}) + (V^t B^{ts})'\#(A^{sr}L^{rr}E^r)
\end{aligned} \quad (2\text{-}33)$$

式（2-33）右侧第 1 个分解项为最终出口的国内增加值；第 2 个分解项为直接被进口国生产国内最终需求吸收的中间出口的国内增加值；第 3 个分解项为被进口国出口至第三国，并被第三国生产国内最终需求吸收的中间出口的国内增加值；第 4 个分解项为被进口国生产最终出口至第三国，而被吸收的中间出口的国内增加值；第 5 个分解项为被进口国生产中间出口至第三国，并以最终进口返回第二国吸收的中间出口的国内增加值。这五部分之和为最终被国外吸收的国内增加值（DVA）。

第 6 个分解项为被进口国生产最终出口返回国内，并被吸收的中间出口的国内增加值；第 7 个分解项为被进口国生产中间出口至第三国，以最终进口返回国内被吸收的中间出口国内增加值；第 8 个分解项为被进口国生产中间出口返回国内，用于生产国内最终需求所吸收的中间出口的国内增加值。这三部分之和为返回的国内增加值，即国内增加值先被出口至国外，但隐含在本国的进口中返回国内，并最终在国内被消费（RDV）。

第 9 个分解项为隐含于进口中返回国内，被生产最终出口吸收的中间出口国内增加值（中间出口与最终出口价值的重复计算）；第 10 个分解项为隐含于进口中返回国内，被生产中间出口吸收的中间出口的国内增加值（中间出口与中间出口价值的重复计算）。这两部分是本国中间出口的国内价值重复计算部分（DDC）。

第 11 个分解项为本国最终出口的进口国增加值；第 12 个分解项为被进口国直接生产国内最终需求吸收的进口国增加值。这两部分为隐含于本国出口的进口国增加值（MVA）。第 14 个分解项为隐含于本国最终出口的第三国增加值；第 15 个分解项为直接被进口国生产国内最终需求吸收的第三国增加值。这两部分为隐含于本国出口中的第三国增加值（OVA）。MVA 与 OVA 之和，为用于生产本国出口的国外增加值（FVA）。

第 13 个分解项为本国中间出口的进口国价值重复计算部分；第 16 个分解项为本国中间出口的第三国价值重复计算部分。这两部分为本国中间出口的外国价值重复计算部分（FDC）。DDC 和 FDC 之和，为中间品贸易的纯重复计算部分（PDC）。[①] 归纳起来，总出口具体各分解部分的关系，如图 2-2 所示。

在王直等（2015）分解式的基础上，可构建以下指标：

第一，基于产业部门前向联系计算的 S 国到 R 国增加值出口（VAX_F）。

$$VAX\_F^{sr} = V^s B^{ss} Y^{sr} + V^s B^{sr} Y^{rr} + V^s B^{st} Y^{tr} \tag{2-34}$$

该指标越大，表明 R 国中来自 S 国某行业的增加值，通过 S 国直接或间接出口的价值越多。

---

① 王直，魏尚进，祝坤福 . 总贸易核算法：官方贸易统计与全球价值链的度量[J]. 中国社会科学，2015，（9）：113-116.

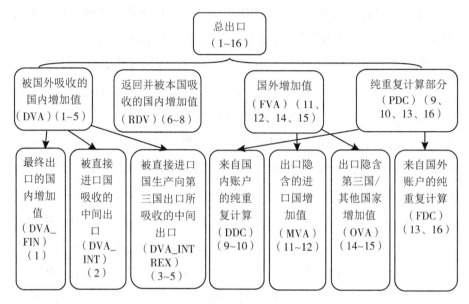

图 2-2　总出口分解图

第二，基于产业部门后向联系计算的 S 国到 R 国增加值出口（VAX_B）。

$$VAX\_B^{sr} = (V^s B^{ss})'\#Y^{sr} + (V^s L^{ss})'\#(A^{sr}B^{rr}Y^{rr}) + (V^s L^{ss})'\#(A^{sr}B^{rt}Y^{tr}) +$$
$$(V^s L^{ss})'\#(A^{st}B^{tr}Y^{rr}) + (V^s L^{ss})'\#(A^{st}B^{tt}Y^{tr}) \qquad (2\text{-}35)$$

该指标表明，隐含在 S 国某行业出口中，并最终被 R 国吸收的 S 国所有行业的国内增加值。VAX_B 越高，表示这些部门通过 S 国某行业出口的中间投入品而间接出口本行业的增加值越多。

第三，一国部门显示性比较优势指数（RCA_Value Added）。

$$RCA\_Value\ Added_i^r = \cfrac{\cfrac{(vax\_f_i^r) + (rdv\_f_i^r)}{\sum_i^n (vax\_f_i^r) + (rdv\_f_i^r)}}{\cfrac{\sum_i^G (vax\_f_i^r) + (rdv\_f_i^r)}{\sum_r^G \sum_i^G (vax\_f_i^r) + (rdv\_f_i^r)}} \qquad (2\text{-}36)$$

其中，等式右边分子为一国总出口中隐含的该部门增加值占该国出口中总国内增加值的比例，分母为世界上所有国家出口中的该部门所创造的增加值占全球总出口国内增加值的比例。该指数越高，表明一国某产业在全球价值链中越具有比较优势，反之则相反。

第四，前向垂直专业化(VS1)。

$$VS1 = \frac{(\text{DVA\_INTREX} + \text{RDV} + \text{DDC})}{E} \quad (2\text{-}37)$$

第五，后向垂直专业化(VS)。

$$VS = \frac{(\text{FVA\_FIN} + \text{FVA\_INT} + \text{FDC})}{E} \quad (2\text{-}38)$$

第六，全球价值链地位指数(GVC_Position)。

$$\text{GVC\_Position} = \ln\left(1 + \frac{\text{DVA\_INTREX}}{E}\right) - \ln\left(1 + \frac{\text{FVA\_FIN} + \text{FVA\_INT}}{E}\right)$$

$$(2\text{-}39)$$

其中，FVA_FIN 为以最终品出口的国外增加值，即上述分解的 16 个部分中的第 11 和第 14 部分；FVA_INT 为以中间品出口的国外增加值，即为分解式中的第 12 和第 15 部分。

3. 全球投入产出数据库

试图以增加值贸易核算方法更准确地衡量一国的贸易数据时，世界投入产出表是基本工具，全球大型投入产出数据库的不断完善为增加值贸易核算方法的应用提供了条件，目前已有 5 个大型数据库可供使用。

第一，OECD 和 WTO 联合编制的全球投入产出数据库，即 TiVA 数据库(Trade in Value Added Database)。OECD 和 WTO 是最早从增加值的角度对全球投入产出数据进行编制的机构，并于 2013 年 1 月联合发布了全球贸易增加值数据库初期报告。截至 2016 年，公布的最新版本的数据库中统计了 1995—2011 年所有年份的投入产出数据，其中包含 63 个经济体(包括 OECD 成员国、欧盟 28 国、20 国集团、大部分东亚和东南亚经济体以及一系列南美洲国家)，34 个独特的行业部门(16 个制造业、14 个服务部门以及相关总量)，以此反映各国在全球价值链中的分工地位和获利的真实情况。但是由于更新的数据截至 2011 年，严重缺失近年数据，因此本书没有采用此数据库公布的投入产出表。

第二，欧盟的世界投入产出数据库，即 WIOD 数据库（World Input-Output Database）。2013 年 4 月，欧盟首次向全球开放了其编制的世界投入产出数据库，2016 年发布了 2000—2014 年连续 15 年的最新世界投入产出数据，该数据库涉及 43 个国家、56 个行业。该数据库公布的国际投入产出表综合了各国的国际供给与使用情况，区分了中间品和最终使用。已有众多学者使用该数据库发表了一系列重要的论文，极大地推进了增加值贸易核算方法的发展。本书就是以 WIOD 数据库公布的世界投入产出表为基础进行研究的。

第三，美国全球贸易分析数据库，即 GTAP 数据库（Global Trade Analysis Project）。该数据库自 1992 年开始由美国普渡大学（Purdue University）和 27 个国际机构共同参与开发，定期公布全球贸易资料库，其中包括双边的贸易资料、国际间贸易往来所需的运输，以及各种形式的贸易保护政策资料，并以单个国家的投入产出表为基础，编制了国家间投入产出表。截至 2022 年，GTAP 数据库最新发布的是第 11 版的数据（GTAP 11），其中提供了 2004 年、2007 年、2011 年、2014 年和 2017 年 141 个国家或地区、65 个部门的投入产出数据。由于公布的数据年份较少且不连续，因此对本书研究主题的帮助不大。

第四，联合国贸易和发展组织开发的全球价值链数据库，即 EORA 数据库。2013 年 2 月，联合国贸易和发展会议发布了 EORA 数据库，涵盖了 1990—2015 年 190 个国家的投入产出数据。该数据库与 WIOD 数据库的建立方式较为类似。但是该数据库公布的世界投入产出表是按照国家—国家（产业）或国家（产业）—国家进行编制的，没有国家（产业）—国家（产业）这种形式，并不适合本书的研究内容。

第五，日本亚研所的亚洲国际投入产出数据库，即 AIIOT 数据库。截至 2022 年，AIIOT 数据库公布了 1985 年、1990 年、1995 年、2000 年和 2005 年共五年的亚洲国际投入产出表，2005 年的投入产出表中囊括了 10

个国家和地区(中国、印度尼西亚、韩国、马来西亚、中国台湾、菲律宾、新加坡、泰国、日本和美国)、76 个部门的数据。该数据库是在亚洲国家和地区单方投入产出表的基础上,结合相关贸易数据编制而成的国家(地区)间投入产出表。由于公布的投入产出数据表年份不连续且只到 2005年,而且仅涵盖了"一带一路"沿线少数国家,因此,本书并没有应用此数据库公布的数据。

2.2 文献综述

2.2.1 中国服务业全球价值链

随着我国服务业的日益开放,其广泛且深入地参与国际分工,得益于世界投入产出表和增加值贸易核算方法的成熟及完善,国内外学者分别从以下四个方面对我国服务业参与国际分工的状况进行了分析,分别是我国服务业参与全球价值链现状分析、促进我国服务业全球价值链地位提升影响因素分析、我国服务业在价值链中攀升路径分析以及我国服务业作为中间投入品对相关产业的影响分析。

首先,关于我国服务业参与全球价值链现状分析方面,学者们通过多种数据库公布的投入产出表,按照增加值的来源及去向,运用不同的分解方法将我国服务出口数据进行分解,以此构建全球价值链地位指数、全球价值链参与度指数、比较优势指数、垂直专业化率等,利用构建的指标分析了我国服务业在全球价值链中的发展现状、趋势和特征。通过研究,学者们普遍认为我国服务业参与全球价值链的程度不断加深,国际分工地位逐步提升。例如,孟东梅、姜延书和何思浩(2017)通过构建垂直专业化率指标,发现世界各国在我国服务产品出口中的垂直专业化率较高,说明我国服务业深入参与国际分工;柴静玉(2016)则通过构建全球价值链位置指数和全球价值链参与度指数,发现我国服务业的国际竞争力不断增长,国际分工地位不断攀升。虽然我国服务业有向 GVC 的上游部分移动的趋势,但目前来看，我国服务业自身发展仍存在诸多问题。柴静玉（2016）认为，我国服务业粗放型的增长方式并没有得到根本转变，与发达国家相比，竞争力还相对薄弱；乔小勇、王耕和郑晨曦（2017）通过构建全球价值链地位指数、全球价值链参与度指数以及显性比较优势指数，发现我国诸多服务业细分行业参与国际分工的程度越高，其全球价值链地位指数越低，而且具有显性比较优势的服务业集中于传统服务业领域；牛华和马艳昕（2016）认为，我国服务业产品出口目的国单一，以美国为主，出现"一头独大"的不利发展趋势。另外，学者们还通过对比分析的方式，更清晰和明了地诠释了我国服务业在全球价值链发展中与发达经济体存在的差距。闫云凤（2018）通过研究得出结论，我国服务业整体和大部分细分行业在全球价值链中的地位均比美国低；尹伟华（2015，2017）甚至认为，我国服务业整体表现出持续性的比较劣势，而美国则相反。从服务业各细分行业来看，我国服务业中明显具有持续性比较优势的产业部门是劳动密集型和资本密集型服务业，而美国则主要集中于知识密集型服务业，另外我国服务业间接增加值贡献也明显小于美国；闫云凤（2018）通过将我国服务业与韩国和日本服务业进行对比，发现日本服务业全球价值链地位指数稍高于我国，韩国服务业的 GVC 参与度远超过我国。

其次，为了使我国服务业在全球价值链中实现高质量发展，学者们对相关影响因素进行了理论和实证分析，陈健、陈苕菁和赵迪（2018）探讨了如何促进服务业增加值平均传递步长（Value-Add Propensity Length，VAPL）的提升，认为劳动密集型服务业的多因素驱动性更强，技术密集型服务业则对制度环境、制造业需求关联和国内生产分割水平更敏感；李惠娟和蔡伟宏（2017）利用非竞争性投入占用产出模型，测算出我国服务业及其内部各行业的出口技术复杂度 DTC 指数和全球价值链嵌入度，研究发现，国外中间服务品嵌入显著地提升了我国低技术密集度服务业出口技术复杂度，其次为高技术密集度服务业，最后是中技术密集度服务业。相反，国外中间制造品嵌入对我国服务业出口技术复杂度的提升具有显著的负向影响。国外学者也对影响服务业全球价值链地位提升因素进行了深入研究，虽然研究对象不是我国，但对我国服务业仍有一定的借鉴意义。Bell & Pavitt（1993）对比分析了发达国家和发展中国家的服务产业发展模式和现状，认为技术创新和积累能明显提升一国服务产业的国际竞争力。Grossman & Helpman（1991）进一步在创新能力较强的基础上，从更微观化的企业层面出发推导，认为自主创新能力强的服务业企业与其竞争优势成正比，在生产销售服务产品的过程中便越发关注成本问题，通信设施和运输设施建设的完善程度是影响成本的重要方面，以此推断基础设施的改进和完善有利于服务贸易分工的产生和发展。Paolo & Valentina（2005）则使用 OECD 中11 个国家 1992—1999 年的数据应用计量的方法，再次证实了信息技术和通信技术的升级和完善能够提升一国服务业在国际市场上的竞争力。Hummelsh、Ishii & Yi（2001）则认为，贸易壁垒是影响服务业企业价值链攀升的重要因素，贸易壁垒的降低一方面激励了企业向高附加值攀升；另一方面促进了企业垂直专业化的发展，使得其参与国际分工的程度进一步加深。除了上述因素影响服务业以外，Worz（2008）还认为，服务业的产业规模对服务业的国际竞争力也产生积极的影响。

再次，关于我国服务业价值链升级路径选择方面，孙训爽（2018）针对杭州服务价值链升级进行了研究，认为杭州服务业可以通过吸纳境外投资、扩大服务外包、加强服务业深度合作等方式提高国际竞争力；王招娣（2009）则以长三角地区电子信息产业为研究对象，认为通过大力发展生产者服务业、提高企业投资能力和市场多元化能力、促进产业集群建设、加大公共政策支持的力度和方式等方面努力，可以取得产业的功能升级和价值链攀升；周圆（2011）认为，我国服务业努力承接高端 ITO，积极承接 BPO，加大与其他产业特别是与制造业的融合和互动，均对服务业价值链升级产生积极的影响。更详细的，劳动密集型服务业产业升级路径首先通过引进先进技术实现产品升级，进而通过建立品牌与营销渠道实现向价值链高端攀升，资本密集型服务业则首先通过引进先进生产线先后实现工艺流程升级和产品升级，进而通过自主研发核心技术促使其向全球价值链上游转移，最后知识密集型服务业与公共服务业在初始阶段主要通过学习先进金融业知识或公共管理理念实现工艺流程升级,接下来借助引进先进技术实现产品升级,通过自主研发核心技术增强增值能力,最后通过建立品牌与营销渠道实现产业的转型升级(祝国巍,2017)。

最后,学者们针对服务业的开放发展对相关产业的影响进行了分析。大部分学者从制造业角度出发,研究服务业开放对制造业的影响。盖新哲(2015)在全球价值链背景下,对对外开放带来的服务进口如何影响发展中国家工业化和制造业地位提升进行研究。结果表明,制造业价值链结构中价值比重大的服务业部门未必是对制造业全球价值链地位提升影响大的部门,单个服务部门开放对全球价值地位提升的效果不如总体各部门协同开放。从具体行业层面看,商务服务和金融服务部门是影响效果最显著的。另外,作者还考察了不同服务部门和不同类型壁垒对全球价值链地位的影响,发现不同部门的贸易壁垒措施具有不同的影响,有的服务部门虽然在制造业全球价值链结构中所占比重小,对全球价值链地位的影响小,但其壁垒措施可能反而影响较大。姚战琪(2014)在全球价值链视角下研究了制造业与服务业的融合及互动,发现我国存在以下问题:由于生产性服务业发展滞后,在全球价值链框架下我国制造业与生产性服务业出现不良互动发展的特点。与我国的情况相反,国外学者转换研究国别后发现服务业开放对制造业发展产生积极影响。Fernandes & Paunov(2012)以智利为例,通过研究二者的关系发现,服务业外国直接投资促进了制造业的创新活动。Francois & Woerz(2008)则以经合组织成员国为例,通过分析其1994—2004年的商品和服务贸易数据得出结论:服务业开放对机械、汽车、化工和电子设备等制造业的发展有显著而强烈的积极影响,服务业的持续开放还将进一步提升经合组织知识和技术密集型制造行业的竞争力。Wolfmayr(2012)利用欧盟15个国家1995—2007年出口贸易数据分析了购买的服务投入对国家制造业出口业绩的影响,发现进口的服务对制造业制成品出口市场份额产生了积极而重大的影响。Arnold、Javorcik & Lipscomb(2016)利用1993—2005年约4000家印度公司的面板数据检测了印度服务业开放对制造业企业全要素生产率的影响,结果显示,银行、电信、保险和运输行业的改革开放都对制造企业的生产率产生了重大的积极影响，并且从总体上看，服务业自由化指数增加一个标准差导致国内制造业企业的生产率提高 11.7%、外国制造业企业提高 13.2%。服务业开放除了会对制造业产生影响以外，Paul & Mark（1999）通过对比的方法，选取并测算了英国、荷兰、德国和日本四国服务业的国际竞争力，认为知识密集型的服务业具有很强的技术外溢效应，能带动国内其他产业的发展。众多国外学者的研究成果从侧面证明了我国服务业自身存在的缺陷导致其对外开放并没有为国内其他产业的发展带来积极影响。服务业开放除了会影响制造业，还会波及农业领域。陈明和李文秀（2018）通过应用 2004—2016 年我国各省份生产服务业开放程度和农业生产率数据，运用实证分析的方法探讨了生产服务业开放对农业生产率的影响，结果显示，前者对后者有正向的提升作用。

2.2.2 中国与"一带一路"沿线各国的服务贸易

在提出"一带一路"倡议和国家越来越重视服务业发展的背景下，学者们肯定了"一带一路"倡议的提出对我国服务贸易产生积极带动作用，并分别从宏观和微观的角度研究了我国与"一带一路"沿线国家服务贸易发展的现状，预测了未来发展趋势。

从宏观的角度出发，学者们肯定了我国服务业在"一带一路"沿线区域良好的发展现状，认为我国及周边国家在"一带一路"服务业发展中处于重要地位，其中中国、印度、俄罗斯、新加坡四国对"一带一路"区域服务经济发展至关重要，并且我国服务业在"一带一路"网络中的桥梁作用更是远高于制造业（姚星、王博和蒲岳，2018）。我国服务业不仅在"一带一路"区域有良好的发展基础，而且未来的发展前景也较好。学者们普遍认同"一带一路"倡议为我国以及沿线国家提供了更为紧密的贸易关系，有利于促进我国服务贸易发展的观点。刘研（2018）认为，"一带一路"倡议为我国服务贸易发展拓宽了空间；李优树、张立祥和李蕾（2018）等以四川省为例，证明了"一带一路"倡议的提出为国内沿线省市现代服务业的发展提供了新的机遇以及更广阔的合作平台。虽然我国服务业在"一带一路"沿线区域有良好的发展基础和空间，但却还存在开放度不高、贸易竞争力行业差别大等问题(宋晓东，2016)。为了使我国服务业能够克服困难，实现进一步的发展，学者们还通过计量的方法对相关影响因素进行了实证分析。胡艳英和楼尔基(2018)基于"一带一路"沿线50个国家的面板数据证明通信类、交通运输类基础设施建设对服务贸易出口的促进作用较大，且有利于改善贸易结构，而科学技术类基础设施的建设对服务贸易的出口则存在负作用。

从微观的角度出发，就发展现状而言，尚涛和殷正阳(2018)通过分析"一带一路"沿线国家12个服务细分行业的比较优势数据及其动态演进过程，发现"一带一路"沿线国家和我国服务贸易的比较优势水平均较低。"一带一路"沿线国家在知识产权、金融、保险等资本与知识密集型服务部门表现得更为明显，但"一带一路"沿线国家具有初始显著比较劣势的服务贸易部门比较优势上升较快，而具有较强比较优势的服务贸易部门表现较为稳定甚至呈现出下降的趋势。而我国服务贸易比较优势却一直比较稳定。就发展空间而言，张永超和董鸿飞(2018)认为，我国在处于高速发展和结构优化的状态下，"一带一路"倡议的提出和发展从基础设施建设领域和金融领域为我国服务贸易发展提供了更好的条件。周启良和湛柏明(2017)认为，我国在旅游业、建筑业、其他商务服务业、交通运输业及计算机和信息服务业的出口潜力比较大，但在金融服务业、保险业、通信业、版税和许可证费用、个人、文化和休闲服务业和政府服务及其他服务业的出口潜力存在不同程度的不足，需要与"一带一路"沿线国家进行互补性合作和产业间贸易。白琦瑶、侯胜田、袁剑等(2018)，周碧璇和屈文静(2018)，孙芳(2017)，郑静玉(2017)，喻旭兰和李红艳(2017)，井乐(2017)则分别从中医药领域、电信服务领域、物流服务领域、教育领域、金融服务领域和旅游领域论述了"一带一路"倡议的提出给我国行业带来的发展机遇，并为日后发展提出相关建议。

2.2.3 关于"一带一路"区域价值链的研究

随着"一带一路"倡议的提出和发展，关于"一带一路"区域价值链的研究越来越丰富。从产业整体层面看，学者们通过对现状的深入分析普遍认为，长期以来虽然我国一直都是全球价值链的参与者，但被发达国家或服务大国所支配和控制的状况难以突破，"一带一路"倡议的推行对构建以我国为主导的区域价值链，突破发达经济体和服务大国的封锁提供了可能。魏龙和王磊（2016）利用世界投入产出表构建了显示性比较优势指数、价值链显性比较优势指数和价值链位置指数，证实了我国与"一带一路"沿线国家在产业间和产业内的互补性均强于竞争性，且我国占据了价值链的高附加值环节，具备从嵌入欧美日主导的全球价值链转换为自我主导的区域价值链的条件。钱书法、邰俊杰和周绍东（2017）选取"一带一路"沿线具有代表性的 11 个国家，以显性比较优势指数为基础构建了基于引领能力的显性产业合作优势指数，总结了我国与这 11 国之间开展合作的优势产业组合，并提出了构建"一带一路"区域价值链的产业合作路径。陈健和龚晓莺（2018）更是给出了构建以我国产业为主导的"一带一路"区域价值链生成路径。姚星、王博和蒲岳（2018）应用 1992—2013 年"一带一路"沿线 61 个国家或地区的投入产出数据，运用社会网络分析方法，对在"一带一路"区域构建分工网络的影响因素进行探讨，发现经济规模、人口规模、共同语言和地理距离对其进一步发展和完善有显著影响。

从行业层面看，大量学者专注于从制造业角度出发，集中研究了我国制造业在"一带一路"构建区域价值链对其在全球价值链中发展的影响。如李惠茹和陈兆伟（2018）认为，我国高端制造业的显性比较优势在"一带一路"沿线国家中较为显著，但仍存在以最终品出口为主、出口的国外增加值比重高的缺陷，我国作为"世界工厂"的价值链分工定位还尚未发生根本性改变，产业升级任重道远。但"一带一路"倡议的实施还是促使我国制造业参与全球价值链分工的位置得以提升，只是提升速度较为缓慢。另有少数学者从服务业视角出发进行研究。杨仁发和王金敏（2017）测算了我国生产性服务业在"一带一路"沿线国家中的相对竞争力、GVC 地位指数和 GVC 参与度指数，认为在"一带一路"沿线国家中，我国生产性服务业处于价值链上游，具有明显的竞争优势，并且在计算机服务、研发及相关服务和生产性租赁行业等具有绝对优势，与临近的东南亚国家相比，我国生产性服务业的竞争优势更明显，价值链分工地位更高。

2.2.4 文献评述

纵观现有相关文献，在我国服务业全球价值链方面，得益于增加值贸易核算方法的日益成熟，学者们通过构建相关指数的方式精确地解读了我国服务业参与国际分工的现状、影响我国服务业全球价值链地位提升的因素以及攀升路径、服务业开放对其他产业发展的影响；在我国与"一带一路"沿线各国服务贸易方面，学者们肯定了"一带一路"倡议对我国服务贸易发展具有的积极作用，分别从宏微观层面对我国与"一带一路"沿线国家的服务贸易发展现状及前景进行分析，并用实证的方法分析了影响我国与"一带一路"沿线国家进行服务贸易的因素；在"一带一路"区域价值链方面，国内外学者集中分析了我国产业在"一带一路"沿线区域构建以我国为主导的区域价值链的可能以及具体的实现路径，大量学者从制造业的角度研究了其在"一带一路"构建区域价值链对全球价值链发展的影响，仅有少数学者涉足了服务业，解析了该行业在"一带一路"区域价值链中的发展现状，但仍仅是针对生产性服务业的研究。

由此可见，虽然目前学术界对于我国服务业和与"一带一路"沿线国家之间的贸易，以及"一带一路"区域价值链方面进行了较为深入且系统性的研究，但现有文献在诸多领域仍需要深入探讨。首先，对于我国服务业参与国际分工的研究，学者们普遍通过构建指数的方式分析我国服务业参与全球价值链的现状，仅有少数学者从增加值的角度深入探析发展现状的成因，在这为数不多的学术成果中，学者们或者仅分析了出口产品中局部增加值构成的含义，或者仅对服务业整体进行考察。上述两方面均导致现有成果无法更全面且深入地剖析我国服务业及其细分行业在全球价值链中的发展现状及形成此现状的原因，分析的广度和深度仍有待深化。其次，在我国与"一带一路"沿线各经济体服务贸易的研究中，学者们多从理论分析或总值贸易分析的角度对发展现状进行解析，这种分析方法无法做到对研

究主题的精确衡量，研究方法有待进一步完善。而且少数关于我国服务业
"一带一路"区域价值链的研究中，学者们重点分析了服务业中的生产性服
务业，并没有涉及所有服务行业，现有研究领域仍有待扩展。最后，鲜有
学者将我国服务业"一带一路"区域价值链同全球价值链相结合进行研究，
该领域还处于尚未触及阶段。

　　综上所述，既有研究的不足引领我们更加系统地从宏微观角度应用增
加值核算方法对我国服务业及各细分行业在"一带一路"区域价值链和全球
价值链中的发展现状及成因进行研究，并且深入探讨我国服务业在"一带
一路"区域价值链中的发展对其在全球价值链中地位的影响、作用机制以
及攀升路径，以期在"一带一路"背景下为我国服务业实现全球价值链地位
提升提供理论启示和决策参考。

3 中国服务业在全球价值链中的发展现状及前景

从贸易总量上看，我国已经成为世界第二大服务贸易进出口国，但在国际分工盛行的背景下，服务产品的总价值由参与生产和创造过程的各个参与方共同分割，并根据各自贡献的价值增值获得相应收益。全球价值链条上利益的分配具有不平衡的特点，位于价值链上游的服务业大国凭借其掌握的核心技术向其他国家提供中间品，占据着全球价值链两端高附加值环节。与之相反，以大量进口国外中间投入品，并在下游进行简单生产环节的国家则在国际分工中获得微薄利润。为了能够抓住全球化的发展机遇，以更好的姿态融入国际分工，实现从服务贸易大国向服务贸易强国的转变，首先就要明晰我国服务业在全球价值链中的发展现状、形成原因以及未来发展的前景。因此，本章节一方面从增加值的角度对我国服务业参与全球价值链的现状及成因进行详细解析；另一方面，从我国服务业所面临的国际环境出发预测其未来发展前景，为后续分析提供依据。

3.1 宏观层面分析

本书将 WIOD 数据库 2016 年公布的 2000—2014 年世界投入产出表中对行业的分类同我国 GB/T 4754-2017 国民经济行业分类标准进行整合，定义了 14 个服务业细分行业，分别为农林牧渔专业及辅助性活动，金属制品、机械和设备修理业，水利、环境和公共设施管理业，批发零售业，交通运输、仓储和邮政业，住宿和餐饮业，信息传输、软件和信息技术服务业，金融业，房地产业，租赁和商务服务业，科学研究和技术服务业，教育，卫生和社会工作和其他，其中其他行业具体包括文化、体育和娱乐业，居民服务、修理和其他服务业，公共管理、社会保障和社会组织。由于世界投入产出表中我国在金属制品、机械和设备修理业以及房地产业没有贸易往来数据，因此，本书所研究的服务业指的就是剩余的这 12 个细分行业。①

3.1.1 发展现状分析

从服务业出口总量上看，我国服务业出口总量虽逐年增加，但近年来增长速度已放缓。从图 3-1 中可以看出，2000—2010 年我国服务业出口量处于高速增长阶段，从 509.65 亿美元发展至 3846.58 亿美元，增幅为 654.74%，年均增长率高达 59.52%。但从 2011 年开始出口增速大幅降低，2011 年我国服务业出口总量为 3543.95 亿美元，2014 年增长至 3833.45 亿美元，增幅仅为 8.17%，年均增长率也降至 2.04%。其中，2013 年我国服务业出口总额甚至出现下降，从 2012 年的 3846.58 亿美元降至 3685.86 亿

（单位：百万美元）

图 3-1 中国服务业出口总量

数据来源：经 WIOD 数据库 2016 年公布的世界投入产出表整理而得。

---

① 下文凡提及的服务业均为这 12 个细分行业的整合值。

美元。可见,我国服务业出口虽总体上保持着日益增长的发展趋势,但近年来增长幅度大幅回落,出口增长速度趋缓。

从出口产品的结构上看,我国服务业出口产品虽然以中间品出口为主,但出口产品结构并没有进一步优化。从表 3-1 中可以看出,在考察年间,我国服务业出口产品中中间品出口占比显著高于最终品。以 2014 年为例,我国服务业总出口中有 33.88% 为最终产品,而 66.12% 为中间品。但中间品和最终品在总出口中的比重一直比较稳定,两者始终大致保持65%和35%的出口结构,历年均无明显变化,说明我国服务业出口产品结构并无进一步优化发展的趋势。

表 3-1   中国服务业出口产品结构　　　　（单位:%）

年份	最终品出口占总出口比重	中间品出口占总出口比重
2000	36.25	63.75
2001	35.06	64.94
2002	33.45	66.55
2003	28.80	71.20
2004	33.09	66.91
2005	32.67	67.34
2006	33.80	66.20
2007	33.09	66.91
2008	34.71	65.29
2009	34.34	65.66
2010	32.70	67.30
2011	32.82	67.18
2012	32.99	67.01
2013	34.17	65.83
2014	33.88	66.12

数据来源:经 WIOD 数据库 2016 年公布的世界投入产出表整理和计算而得。

从参与国际分工的形式看，我国服务业以后向参与模式为主，且这种参与模式占据主导地位。根据 WIOD 数据库 2016 年公布的 2000—2014 年的世界投入产出表，利用王直等人(2015)对出口数据的分解方法，参照前文介绍的式(2-37)和式(2-38)，构建我国服务业前向垂直专业化指数和后向垂直专业化指数。前向垂直专业化指数(VS1)，是指某一经济体生产的出口品中被其他经济体进口作为中间品的比重，即出口中包含的本国增加值的比重，用以反映该经济体出口对其他经济体供应的贡献程度；后向垂直专业化指数(VS)，是指隐含于某一经济体出口品中的其他经济体生产的中间品比重，即出口中包含的国外增加值的比重，用以反映该经济体出口对其他经济体进口的依赖程度。通过表 3-2 对比我国服务业前向垂直专业化指数和后向垂直专业化指数，发现在考察年间我国服务业的后向垂直专业化指数均显著高于自身同期前向垂直专业化指数，以 2014 年为例，我国服务业后向垂直专业化指数为 0.1136，自身同期前向垂直专业化指数仅为 0.0351。虽然伴随着后向垂直专业化指数的下降，前向垂直专业化指数不断上升，但两者的变化幅度均较小，彼此之间的差距仍然较大。以上现状说明，在全球生产价值链条中，我国服务业出口产品的生产对国外增加值投入的依赖性较强，而相反我国服务产品出口对世界其他经济体供应的贡献程度极弱，我国服务业通过前向模式深度参与全球价值链的能力较为欠缺。

表 3-2　中国服务业垂直专业化指数

年份	VS	VS1
2000	0.1146	0.0200
2001	0.1086	0.0203
2002	0.1184	0.0192
2003	0.1276	0.0226
2004	0.1615	0.0239
2005	0.1645	0.0272
2006	0.1646	0.0263

续表

年份	VS	VS1
2007	0.1657	0.0284
2008	0.1544	0.0287
2009	0.1202	0.0293
2010	0.1410	0.0306
2011	0.1420	0.0332
2012	0.1314	0.0323
2013	0.1271	0.0343
2014	0.1136	0.0351

数据来源：经 WIOD 数据库 2016 年公布的世界投入产出表整理并计算而得。

从在全球价值链中所处的地位看，我国服务业仍处于相对较低的位置，且攀升的速度较缓慢。根据 WIOD 数据库 2016 年公布的 2000—2014 年的世界投入产出表，采用王直等人（2015）对出口数据的分解方法，参照前文介绍的式(2-39)构建我国服务业全球价值链地位指数，图 3-2 显示了

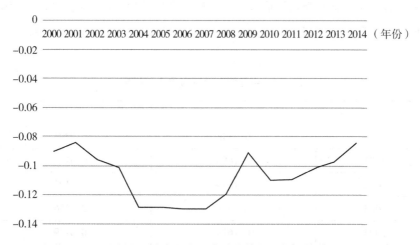

图 3-2 中国服务业全球价值链地位指数

数据来源：经 WIOD 数据库 2016 年公布的世界投入产出表整理并计算而得。

我国服务业全球价值链地位指数历年发展情况，可以发现，在考察年间，我国服务业全球价值链地位指数始终较小，在-0.14～-0.08 波动式发展。全球价值链地位指数在经历了一段时间的大幅下滑后，虽然从 2010 年开始出现稳步上升的发展趋势，但是向全球价值链高端攀升的速度极为缓慢，从 2010 年的-0.1104 发展至 2014 年仅为-0.0848。

3.1.2 现状的原因分析

通过对我国服务业在全球价值链中发展现状进行分析，发现我国服务业在参与国际分工过程中呈现出口缓慢增长、出口结构并无进一步优化迹象，以后向参与模式为主，在全球价值链较低位置徘徊且攀升缓慢的发展状态。为了深入解读我国服务业在全球价值链中形成此发展现状的原因，本书继续应用王直等人(2015)对双边贸易数据的分解方法，将我国服务业向全球出口的数据分解成图 2-2 的 16 个部分。通过对出口产品中不同增加值构成部分的解读，发现我国服务业在参与国际分工过程中存在以下不足之处，是形成目前发展现状的主要原因。

首先，出口产品总额中国内增加值占比逐渐下降。我国服务出口产品中国内增加值由两部分构成，一部分是被国外吸收的国内增加值，另一部分是返回并被本国吸收的国内增加值，两部分的总和便是我国服务出口产品中隐含的所有国内增加值。从表 3-3 可以看出，截至 2014 年，国内增加值占出口产品总额的比重不升反降，已从 2000 年的 88.48%下降至 2014 年的 88.39%，这种下滑是由于出口产品中被国外吸收的国内增加值占比下降造成的。我国服务出口产品中被国外吸收的国内增加值占出口总额的比重从 2000 年的 88.13%降至 2014 年的 87.01%。我国服务业出口产品中国内增加值占比的下降直接影响其全球价值链地位指数。另外，被国外吸收的国内增加值占出口总额的比重逐渐降低也阻碍了我国服务业形成以前向参与国际分工为主导的发展模式。

其次，出口产品中反复跨越国界流动的国内增加值占比微小。通过观察表 3-3 可知，在考察年间，我国出口的服务产品中返回并被本国吸收的

表 3-3　中国服务业出口产品中国内增加值结构

（单位：亿美元,%）

年份	被国外吸收的国内增加值	最终出口的国内增加值占比	被直接进口国吸收的中间出口占比	被直接进口国生产向第三国出口所吸收的中间出口占比	返回并被本国吸收的国内增加值	被国外吸收的国内增加值占总出口的比重	返回并被本国吸收的国内增加值占总出口的比重
2000	449.18	36.00	62.19	1.82	1.77	88.13	0.35
2001	508.24	34.85	63.36	1.78	2.24	88.69	0.39
2002	620.56	33.24	65.18	1.59	3.23	87.62	0.46
2003	741.62	28.15	70.03	1.82	4.97	86.55	0.58
2004	789.12	32.80	65.24	1.96	5.81	83.09	0.61
2005	922.46	32.38	65.33	2.29	7.25	82.73	0.65
2006	1158.07	33.54	64.37	2.09	9.80	82.63	0.70
2007	1547.46	32.82	64.93	2.25	14.03	82.44	0.75
2008	2049.82	34.49	63.34	2.17	20.27	83.50	0.83
2009	1976.74	33.98	63.89	2.13	20.32	86.91	0.89
2010	2416.85	32.73	65.25	2.02	31.72	84.55	1.11
2011	2986.06	32.95	64.95	2.11	45.11	84.26	1.27
2012	3280.05	33.16	64.92	1.92	50.79	85.27	1.32
2013	3156.53	34.40	63.51	2.09	50.93	85.64	1.38
2014	3335.40	34.12	63.73	2.15	53.08	87.01	1.38

数据来源：经 WIOD 数据库 2016 年公布的世界投入产出表整理并计算而得。

国内增加值占总出口的比重虽然逐渐上升，但仍然十分微小且增长极为缓慢，2000 年的占比情况为 0.35%，发展到 2014 年仍仅为 1.38%，仅增长 1.03%。同样的，出口产品中被国外吸收的国内增加值仅有较小一部分被包含在间接出口的中间品中。① 而且这一部分的占比虽也呈现逐渐增长的发展趋势，但上升幅度仍较小，2000 年为 1.82%，发展至 2014 年也仅为 2.15%。这说明我国服务业出口产品中国内增加值更多地隐含在被直接进口国吸收的产品中，并没有广泛且深入地参与更加复杂的国际分工活动，这就造成了我国服务业在全球价值链中前向参与模式不占主导地位局面的形成。

再次，以中间产品形式出口的服务产品中国外增加值占后向垂直专业化指数的比重波动剧烈。在 VS 指数中，一国中间出口品的国外增加值（FVA_INT）占比提升，尤其是当越来越多的这些中间贸易品被出口到第三国并用于最终产品生产，就意味着该国正在进行产业升级，从全球价值链的低端向中间环节攀升。通过表 3-4 可知，我国服务业 FVA_INT 的值占 VS 的比重在考察期内波动剧烈，2000—2003 年增速明显，从 61.81% 飞速升至 66.01%，随后直至 2008 年均呈动荡式下降，2009 出现小幅回升后，2011—2014 年继续跌落，说明我国服务业在产业升级过程中以现有的发展水平还不能保证其稳步地向高附加值生产环节攀升，全球价值链地位指数在产业升级频繁波动下提升缓慢。同时，产业升级的不稳定性直接影响了我国服务产品核心竞争优势的形成，我国服务产品在国际市场上的发展空间会受到很大影响，出口量增长缓慢就是表现之一。另外，在 VS 指数构成中来自国外账户的纯重复计算部分（FDC）占比最小，2000 年该部分仅占 VS 的 2.35%，虽一直保持增长势头，但 2014 年这一比例仍仅为 4.11%，显著低于 FVA_INT 和 FVA_FIN 的占比。这说明我国服务最终品生产出来以前并不广泛存在多国间来回往复的中间品贸易，即服务贸易品在形成最终产品之前，跨越国境的次数并不多，再次表明我国服务业主要是以后向参与模式为主，前向参与跨国生产分工的程度有待深化。

---

① 间接出口的中间品，是指出口国将中间品出口至直接进口国，进口国将中间产品用于生产中间品或最终品并进一步出口至第三国家的中间品出口形式。

表 3-4　中国服务业后向垂直专业的结构　　（单位:%）

年份	在 VS 中的占比		
	FVA_FIN	FVA_INT	FDC
2000	35.83	61.81	2.35
2001	34.68	62.95	2.37
2002	33.04	64.69	2.27
2003	31.30	66.01	2.69
2004	32.50	64.54	2.96
2005	32.06	64.56	3.38
2006	33.18	63.54	3.28
2007	32.43	64.00	3.56
2008	34.06	62.38	3.56
2009	33.56	62.99	3.44
2010	32.22	64.09	3.70
2011	32.35	63.62	4.03
2012	32.55	63.58	3.87
2013	33.75	62.16	4.08
2014	33.47	62.42	4.11

数据来源:经 WIOD 数据库 2016 年公布的世界投入产出表整理并计算而得。

注:FVA_INT 的计算公式为上文介绍的式(2-33)中的第 12 和 15 部分之和;FVA_FIN 的计算公式为上文介绍的式(2-33)中的第 11 和 14 部分之和。

然后,以中间品形式出口至第三国的国内增加值占前向垂直专业化指数的比重大幅下降,来自国内账户的纯重复计算部分占前向垂直专业化指数的比例微小。根据表 3-5 中对我国服务业前向垂直专业化指数的分解可知,我国服务产品出口中以中间产品出口到第三国的国内增加值(DVA_REX)占前向垂直专业化指数的比重由 2000 年的 79.91%下降到 2012 年的 50.86%,减少了 29.05%,近年来虽略有回升,但截至 2014 年仅攀升至 53.32%。这说明虽然自 2013 年以来我国服务业通过间接增加值出口来主导

表 3-5　中国服务业前向垂直专业的结构　　　（单位:%）

年份	在 VS1 中的占比		
	DVA_REX	RDV	DDC
2000	79.91	17.31	2.78
2001	77.87	19.25	2.88
2002	72.31	23.70	3.99
2003	69.57	25.65	4.78
2004	68.28	25.63	6.09
2005	69.65	23.92	6.43
2006	65.61	26.62	7.76
2007	65.38	26.34	8.28
2008	63.02	28.77	8.21
2009	63.40	30.53	6.07
2010	55.71	36.29	8.00
2011	53.52	38.35	8.13
2012	50.86	40.93	8.21
2013	52.02	40.24	7.74
2014	53.32	39.47	7.20

数据来源：经 WIOD 数据库 2016 年公布的世界投入产出表整理并计算而得。

和控制全球价值链的能力有所回升，但 2014 年 DVA_REX 的占比仍不及 2000 年时的水平，其掌控力仍明显不足，这是造成我国服务业在全球价值链中以后向参与模式为主的原因之一。另外，我国服务业 VS1 指数中占比最小的 DDC 在经历了 2000—2007 年的飞速增长后便开始下降，从 2007 年的 8.28% 下降至 2014 年的 7.20%，这意味着我国服务业在面临国际市场时，国内生产分工程度逐年降低，国内价值链条的广度和深度均无法支撑我国服务业向全球价值链高端攀升，这使我国服务业全球价值链地位指数始终在低位徘徊。持续低水平的全球价值链地位指数一方面会显著影响我国服务产品在国际市场上的竞争力，造成我国服务业出口总量增长缓慢；另一方面，决定了我国服务业在国际生产链条中长时间处于附加值低的生产环节，造成我国服务产品出口结构中以最终品出口为主，并且出口产品结构无进一步优化局面的形成。

最后，在我国服务业全球价值链地位指数中，国外增加值贡献率显著高于间接增加值贡献率。从表 3-6 可知，国外增加值贡献率（FV）逐渐下降，由 2000 年的 87.48% 下降到 2014 年的 85.34%，2012 年以后降幅更是巨大，但其值却始终大于间接增加值（IV）的贡献率，国外增加值对我国服务业全球价值链地位指数的贡献率最低点出现在 2014 年，为 85.34%，而间接增加值的贡献率最高点也发生在 2014 年，但仅为 14.66%。这表明我国服务业通过自身产业升级向全球价值链高端攀升的能力仍较弱，使得其全球价值链地位指数始终在低位徘徊，在掌控产业全球价值链方面仍处于被动地位，在发达国家和服务大国的主导和控制下，我国服务业试图实现全球价值链地位指数的显著攀升更加困难，这也与前文总结的我国服务业全球价值链地位指数提升缓慢的结果相一致。

表 3-6　中国服务业全球价值链地位指数贡献率构成　（单位:%）

年份	IV 贡献率	FV 贡献率
2000	12.52	87.48
2001	12.99	87.01
2002	10.73	89.27
2003	11.24	88.76
2004	9.42	90.58
2005	10.65	89.35
2006	9.77	90.23
2007	10.40	89.60
2008	10.83	89.17
2009	13.78	86.22

年份	IV 贡献率	FV 贡献率
2010	11.15	88.85
2011	11.53	88.47
2012	11.49	88.51
2013	12.78	87.22
2014	14.66	85.34

数据来源：经 WIOD 数据库 2016 年公布的世界投入产出表整理并计算而得。

注：IV 表示 DVA_REX；FV 表示 FVA；IV 贡献率＝IV/（IV+FV）；FV 贡献率＝FV/（IV+FV）。

3.1.3 与美国的对比分析

美国作为发达国家和服务大国的代表，通过与美国服务业在全球价值中的发展现状进行对比，更加清晰地认识到我国服务业在全球价值链中的地位。同时，通过对现状成因的深刻解读，明确我国与美国存在的差距。

1. 服务业出口总量及结构

美国服务产品市场占有率高且出口产品结构持续优化。通过观察中美服务业出口总量及结构对照表(表 3-7)可知，2000 年美国服务业出口总额为 3167.6 亿美元，我国为 509.65 亿美元，美国是我国的 6 倍多。发展至 2014 年，我国服务业出口量虽有所增加，但美国服务业出口总额仍为我国的 2 倍多。美国服务产品出口中中间品的比重超过 60%，不仅出口结构良好而且还在持续优化过程中。最终品出口占总出口的比重不断下降，2000 年的占比为 36.75%，比我国同期高出 0.5%，而 2014 年美国最终品出口占比下降至 32.94%，甚至比我国少了 0.94%。出口产品中最终品占比的快速下降也就意味着美国中间品出口占总出口的比重飞速上升，从 2000 年的 63.25% 攀升至 2014 年的 67.06%，即从初始低于我国占比的发展水平，提升至高出我国占比 0.94%。

表 3-7　中美服务业出口总量及结构比较

（单位：亿美元，%）

年份	美国总出口	中国总出口	美国最终品出口占比	美国中间品出口占比	中国最终品出口占比	中国中间品出口占比
2000	3167.60	509.65	36.75	63.25	36.25	63.75
2007	5676.29	1876.99	34.83	65.17	33.09	66.91
2014	7799.55	3833.45	32.94	67.06	33.88	66.12

数据来源：经 WIOD 数据库 2016 年公布的世界投入产出表整理并计算而得。

2. 参与国际分工模式

在参与国际分工过程中，美国虽然以后向参与模式为主，但其对国外中间品投入的依赖程度较小，且前后向垂直专业化率差距不大。通过表3-8可知，美国服务业在全球价值链中虽然也是后向参与模式，但其后向垂直专业化指数明显小于我国。美国 2014 年 VS(0.0707) 仍小于 2000 年我国VS(0.1146)。也就是说，在美国服务产品出口中包含的国外增加值比重远低于我国，证明美国服务产品出口对进口其他经济体中间品的依赖程度小于我国。而且，美国的前后向垂直专业化指数差距较小，说明美国服务业出口对世界其他经济体供应的贡献程度与美国服务出口产品对其他经济体中间投入的依赖程度相当，呈现一种均衡的良性发展模式。

表 3-8　中美服务业垂直专业化比较

国别	年份	VS	VS1
中国	2000	0.1146	0.0200
	2007	0.1657	0.0284
	2014	0.1136	0.0351

国别	年份	VS	VS1
美国	2000	0.0565	0.0403
	2007	0.0671	0.0430
	2014	0.0707	0.0497

数据来源：经 WIOD 数据库 2016 年公布的世界投入产出表整理并计算而得。

3. 全球价值链位置

与我国相比，美国服务业在全球价值链中的地位指数较高。表 3-9 对中美服务业全球价值链地位指数进行了比较，发现 2000 年相比于我国服务业的全球价值链地位指数(-0.0902)，美国服务业全球价值链地位指数高达-0.0469。2007 年我国服务业在全球价值链中的位置出现大幅下滑，而美国服务业仍然保持向上攀升的发展势头。2014 年我国服务业地位虽也有所回升，但仍不及美国的-0.0414。可见，在考察期内，美国服务业在全球价值链中的地位始终高于我国。

表 3-9　中美服务业全球价值链地位指数比较

国别	年份	价值链位置
中国	2000	-0.0902
	2007	-0.1299
	2014	-0.0848
美国	2000	-0.0469
	2007	-0.0483
	2014	-0.0414

数据来源：经 WIOD 数据库 2016 年公布的世界投入产出表整理并计算而得。

通过与美国服务业参与全球价值链的发展现状进行对比，发现美国服

务产品在国际市场上的占有率、出口产品结构、参与模式以及价值链地位
方面都具有显著优势,美国服务业在全球价值链中占据着相对主导且支配
的地位。若从出口产品中各增加值部分占比情况看,我国服务业与美国在
以下方面存在的巨大差距共同构成此发展差距。

首先,美国服务产品出口中的国内增加值占比高于我国,参与国际分
工的程度更加深化。表 3-10 显示了美国服务业出口产品中国内增加值占比
在考察年间均保持在 90% 以上,美国 2000 年的占比情况(94.19%)都显著
高于我国服务业 2014 年的水平(88.39%)。美国出口产品中返回并被本国
吸收的国内增加值占出口总额的比重也高于我国,虽然在考察年份中呈现
逐渐下降的发展趋势,但 2014 年的占比情况仍优于我国。而且与我国相
比,美国服务出口产品中被国外吸收的国内增加值更多地隐含在被直接进
口国生产向第三国出口的中间品中。这说明与我国相比,美国国内增加值
更深层次地参与了国际分工。

表 3-10 中美服务业出口产品中国内增加值结构比较

(单位:亿美元,%)

国别	年份	被国外吸收的国内增加值	最终出口的国内增加值占比	被直接进口国吸收的中间出口占比	被直接进口国生产向第三国出口所吸收的中间出口占比	返回并被本国吸收的国内增加值	被国外吸收的国内增加值占总出口的比重	返回并被本国吸收的国内增加值占总出口的比重
中国	2000	449.18	36.00	62.19	1.82	0.02	88.13	0.35
	2007	1547.46	32.82	64.93	2.25	0.14	82.44	0.75
	2014	3335.40	34.12	63.73	2.15	0.53	87.01	1.38
美国	2000	2879.01	37.97	61.39	0.63	1.05	90.88	3.31
	2007	5129.52	35.73	62.76	1.51	1.58	90.38	2.78
	2014	7044.54	33.70	63.69	2.61	1.91	90.32	2.45

数据来源:经 WIOD 数据库 2016 年公布的世界投入产出表整理并计算而得。

其次，美国服务业 VS 中 FVA_INT 占比不断提升，FDC 在 VS 中的占比以及 RDV 在 VS1 中的占比均显著高于我国。通过观察表 3-11 发现，美国服务业后向垂直专业化指数中 FVA_INT 的占比情况与我国剧烈波动不同，呈现稳步提升的发展趋势，说明美国服务业在现有水平上仍不断地进行产业升级，向全球价值链更高端攀升。而且美国服务业 VS 中 FDC 的占比高于我国，这再次表明美国服务业参与国际分工的深化程度优于我国。另外，美国服务业前向垂直专业化结构与我国最大的不同在于 RDV 在 VS1 中的占比明显大于 DVA_REX 和 DDC，这表明美国服务业出口主要是通过复进口本国增加值的方式来实现，进一步证明了在以向世界其他国家提供中间品的形式参与国际分工方面，我国与美国相差甚远。

表 3-11　中美服务业垂直专业结构比较　　　　（单位:%）

国别	年份	在 VS 中的占比			在 VS1 中的占比		
		FVA_FIN	FVA_INT	FDC	DVA_REX	RDV	DDC
中国	2000	35.83	61.81	2.35	79.91	17.31	2.78
	2007	32.43	64.00	3.56	65.38	26.34	8.28
	2014	33.47	62.42	4.11	53.32	39.47	7.20
美国	2000	36.58	59.11	4.31	14.30	81.98	3.71
	2007	34.61	60.66	4.73	31.87	64.69	3.44
	2014	32.75	61.76	5.49	47.43	49.34	3.22

数据来源：经 WIOD 数据库 2016 年公布的世界投入产出表整理并计算而得。

最后，美国服务业全球价值链地位指数中 IV 贡献的升幅和 FV 贡献的降幅均大于我国。表 3-12 展示了中美服务业全球价值链地位指数贡献率构成的对比情况，可以发现 IV 对美国服务业全球价值链地位指数的贡献率 2000 年仅为 9.64%，低于我国的 12.52%，而到 2014 年美国 IV 的贡献率攀升至 26.06%，超过同期我国 11.4%。相反，FV 对美国服务业全球价值链地位指数的贡献率从 2000 年的 90.36% 大幅度下降至 2014

的 73.94%。这表明美国服务业在通过产业自身升级进而向全球价值链高端攀升的能力明显优于我国，且这种能力还在不断优化，我国与之的差距越来越大。

表 3-12　中美服务业全球价值链地位指数
贡献率构成比较　　　　　（单位：%）

国别	年份	IV 贡献率	FV 贡献率
中国	2000	12.52	87.48
	2007	10.40	89.60
	2014	14.66	85.34
美国	2000	9.64	90.36
	2007	17.65	82.35
	2014	26.06	73.94

数据来源：经 WIOD 数据库 2016 年公布的世界投入产出表整理并计算而得。

3.2　行业层面分析

3.2.1　发展现状分析

从出口总量上看，服务业各细分行业出口量增长缓慢，个别行业甚至出现下降的发展趋势，且各行业出口总量两极分化严重。从表 3-13 中可以看出，除了个别行业出口发展速度较为突出以外(批发零售业)，剩余所有服务业各细分行业近年来出口年增长率均较小，交通运输、仓储和邮政业，信息传输、软件和信息技术服务业，教育，卫生和社会工作，其他行业出口量甚至出现回落，进一步加剧了我国服务业整体出口速度变缓的局面。另外，服务业各行业出口总量两极分化现象严重，既有年出口量较为突出的批发零售业，交通运输、仓储和邮政业，租赁和商务服务业，信息传输、软件和信息技术服务业，以上行业 2014 年的出口量分别为 1854.49 亿美元、847.94 亿美元、657.55 亿美元和 155.06 亿美元，也有在考察年间出口总量均在 100 亿美元以下的行业。其中，科学研究行业 2014 年的总出口量仅为 4.07 亿美元。

表 3-13　中国服务业各行业出口总量　（单位：亿美元）

行业	2000 年	2005 年	2010 年	2011 年	2012 年	2013 年	2014 年
农、林、牧、渔专业及辅助性活动	3.29	8.56	12.15	13.19	12.11	12.57	12.91
水利、环境和公共设施管理业	0.73	2.28	3.75	4.99	15.89	15.76	17.89
批发零售	181.71	363.58	1177.14	1593.96	1836.66	1712.55	1854.49
交通运输、仓储和邮政业	121.70	318.36	751.56	880.25	889.89	873.09	847.94
住宿餐饮	31.60	72.63	99.62	95.07	88.62.	89.84	90.43
信息传输、软件和信息技术服务业	12.29	28.85	106.02	139.51	155.66	174.36	155.06
金融业	1.00	5.17	35.17	52.59	64.25	59.91	71.04
租赁和商务服务业	79.34	225.53	558.64	639.93	651.23	607.22	657.55
科学研究	—	—	3.81	4.23	4.03	3.76	4.07
教育	0.95	2.11	5.49	6.22	6.78	8.18	7.13
卫生和社会工作	—	—	6.51	6.72	6.67	8.06	7.02
其他	77.04	87.96	98.62	107.30	114.78	120.56	106.72

数据来源：经 WIOD 数据库 2016 年公布的世界投入产出表整理而得。

注：表中"—"表示世界投入产出表中该行业无数据。

从出口产品结构上看，大部分行业出口结构优化缓慢，个别行业甚至以最终品形式出口为主。表 3-14 显示了我国服务业各行业历年出口结构，从表中可以看出，我国服务业大部分细分行业均以中间品形式出口为主，且在考察年间无明显变化，这就造成了我国服务业整体出口产品结构优化停滞的局面。另外，农、林、牧、渔专业及辅助性活动，水利、环境和公共设施管理业，科学研究行业甚至是以出口最终品为主。农、林、牧、渔专业及辅助性活动行业中间品出口额占该行业总出口额的比重时而高于时而低于最终品出口的占比，在考察期末最终品出口占总出口的比重高达61.08%。水利、环境和公共设施管理业中间品和最终品占总出口的比重并没有农、林、牧、渔专业及辅助性活动行业波动得那么频繁，但自2010年开始出口产品中便大部分为最终产品。科学研究行业更是在考察期内始终是最终品出口大于中间品出口，两种形式占总出口额的比重大致为75%和25%。

表 3-14　中国服务业各行业出口结构　　（单位：%）

行业	类别	2000 年	2005 年	2010 年	2011 年	2012 年	2013 年	2014 年
农、林、牧、渔专业及辅助性活动	最终品出口占比	62.66	44.90	32.56	35.59	59.76	44.45	61.08
	中间品出口占比	37.34	55.10	67.44	64.41	40.24	55.55	38.92
水利、环境和公共设施管理业	最终品出口占比	30.87	46.81	72.82	71.67	60.56	62.15	56.88
	中间品出口占比	69.13	53.19	27.18	28.33	39.44	37.85	43.12
批发零售	最终品出口占比	34.17	34.55	34.83	34.86	33.81	35.59	36.00
	中间品出口占比	65.83	65.45	65.17	65.14	66.19	64.41	64.00
交通运输、仓储和邮政业	最终品出口占比	36.81	36.70	36.21	35.22	36.0	37.74	37.44
	中间品出口占比	63.19	63.30	63.79	64.78	64.00	62.26	62.56

行业	类别	2000 年	2005 年	2010 年	2011 年	2012 年	2013 年	2014 年
住宿餐饮	最终品出口占比	35.16	35.17	34.92	34.45	34.08	34.46	33.44
	中间品出口占比	64.84	64.83	65.08	65.55	65.92	65.54	66.56
信息传输、软件和信息技术服务业	最终品出口占比	36.15	36.08	31.33	33.05	34.77	37.45	36.50
	中间品出口占比	63.85	63.92	68.67	66.95	65.23	62.55	63.50
金融业	最终品出口占比	35.82	34.11	33.70	33.56	33.01	36.30	36.61
	中间品出口占比	64.18	65.89	66.30	66.44	66.99	63.70	63.39
租赁和商务服务业	最终品出口占比	23.75	25.35	19.39	19.17	20.01	17.77	17.00
	中间品出口占比	76.25	74.65	80.61	80.83	79.99	82.23	83.00
科学研究	最终品出口占比	—	—	80.49	76.93	75.88	78.39	82.19
	中间品出口占比	—	—	19.51	23.07	24.12	21.61	17.81
教育	最终品出口占比	35.55	35.11	30.74	29.60	30.59	31.56	29.99
	中间品出口占比	64.45	64.89	69.26	70.40	69.41	68.44	70.01
卫生和社会工作	最终品出口占比	—	—	32.09	30.19	30.81	32.48	31.26
	中间品出口占比	—	—	67.91	69.81	69.19	67.52	68.74

续表

行业	类别	2000 年	2005 年	2010 年	2011 年	2012 年	2013 年	2014 年
其他	最终品出口占比	52.52	24.06	51.66	58.44	59.04	58.94	59.48
	中间品出口占比	47.48	75.94	48.34	41.56	40.96	41.06	40.52

数据来源：经 WIOD 数据库 2016 年公布的世界投入产出表整理而得。

注：表中"—"表示世界投入产出表中该行业无数据。

从参与国际分工的形式看，我国服务业所有细分行业在参与全球价值链过程中均以后向参与模式为主，且这种参与方式占据主导地位。通过表 3-15 对比我国服务业各细分行业前向垂直专业化指数和后向垂直专业化指数，发现各细分行业的 VS 均显著高于自身同期的 VS1，在考察年间各服务行业后向垂直专业化指数均在 0.1 以上，而大部分行业同期前向垂直专业化指数则均不及 0.05，个别行业如科学研究 2014 年 VS1 甚至低至 0.0076。这说明我国服务业各行业参与全球价值链的形式共同促成了服务业整体的后向参与模式。就前后向垂直专业化指数发展趋势而言，虽然各行业的后向垂直专业化指数均逐年下降，大部分行业前向垂直专业化指数不断上升，但两者的变化幅度均较小且差距较大，后向参与模式占据着主导地位。其中，科学研究行业这两个指数的差距最大，2014 年该行业前后向垂直专业化指数分别为 0.0076 和 0.1136。另外，个别行业的前向垂直专业化指数甚至出现下降，农、林、牧、渔专业及辅助性活动前向垂直专业化指数从 2010 年的 0.0229 回落至 2014 年的 0.0163，其他行业则从 2005 年的 0.0198 下降至 2014 年的 0.0160。

表 3-15 中国服务业各行业垂直专业化指数

行业	年份	VS	VS1
1	2000	0.1146	0.0083
	2005	0.1645	0.0150
	2010	0.1410	0.0229
	2014	0.1136	0.0163
2	2000	0.1146	0.0203
	2005	0.1645	0.0213
	2010	0.1410	0.0128
	2014	0.1136	0.0360
3	2000	0.1146	0.0137
	2005	0.1645	0.0175
	2010	0.1410	0.0223
	2014	0.1136	0.0253
4	2000	0.1146	0.0153
	2005	0.1645	0.0185
	2010	0.1410	0.0243
	2014	0.1136	0.0265
5	2000	0.1146	0.0135
	2005	0.1645	0.0173
	2010	0.1410	0.0221
	2014	0.1136	0.0261
6	2000	0.1146	0.0144
	2005	0.1645	0.0183
	2010	0.1410	0.0241
	2014	0.1136	0.0256
7	2000	0.1146	0.0134
	2005	0.1645	0.0173

续表

行业	年份	VS	VS1
7	2010	0.1410	0.0224
	2014	0.1136	0.0249
8	2000	0.1146	0.0559
	2005	0.1645	0.0632
	2010	0.1410	0.0629
	2014	0.1136	0.0823
9	2000	—	—
	2005	—	—
	2010	0.1410	0.0072
	2014	0.1136	0.0076
10	2000	0.1146	0.0131
	2005	0.1645	0.0170
	2010	0.1410	0.0233
	2014	0.1136	0.0272
11	2000	—	—
	2005	—	—
	2010	0.1410	0.0229
	2014	0.1136	0.0268
12	2000	0.1146	0.0098
	2005	0.1645	0.0198
	2010	0.1410	0.0165
	2014	0.1136	0.0160

数据来源：经 WIOD 数据库 2016 年公布的世界投入产出表整理并计算而得。

注：①1 表示农、林、牧、渔专业及辅助性活动；2 表示水利、环境和公共设施管理业；3 表示批发零售；4 表示交通运输、仓储和邮政业；5 表示住宿餐饮；6 表示信息传输、软件和信息技术服务业；7 表示金融业；8 表示租赁和商务服务业；9 表示科学研究；10 表示教育；11 表示卫生和社会工作；12 表示其他。

②由于服务业各行业考察年间 VS 的差别微小，仅在小数点后第九位开始不同，而本表仅保留小数点后四位数字，所以各行业在考察年间 VS 均相同。

③表中"—"表示世界投入产出表中该行业无数据。

从全球价值链地位看，我国服务业各细分行业在全球价值链中的位置均较低，且攀升速度极为缓慢。通过表3-16可以看出，我国服务业各行业的全球价值链地位指数在考察年间虽均有所提升，但攀升幅度不大，仍徘徊于较低的位置。个别行业更是拉低了服务业整体的全球价值链地位指数，如地位相对滞后的有农、林、牧、渔专业及辅助性活动，科学研究和其他行业，2014年的地位指数分别为-0.0990、-0.1036和-0.0997。

表 3-16 中国服务业各行业全球价值链地位指数

行　业	年份	价值链位置
农、林、牧、渔专业及辅助性活动	2000	-0.1016
	2005	-0.1414
	2010	-0.1190
	2014	-0.0990
水利、环境和公共设施管理业	2000	-0.0902
	2005	-0.1338
	2010	-0.1228
	2014	-0.0787
批发零售	2000	-0.0974
	2005	-0.1397
	2010	-0.1193
	2014	-0.0950
交通运输、仓储和邮政业	2000	-0.0954
	2005	-0.1383
	2010	-0.1167
	2014	-0.0934
住宿餐饮	2000	-0.0975
	2005	-0.1398
	2010	-0.1194
	2014	-0.0947

续表

行　业	年份	价值链位置
信息传输、软件和信息技术服务业	2000	−0. 0965
	2005	−0. 1386
	2010	−0. 1179
	2014	−0. 0945
金融业	2000	−0. 0976
	2005	−0. 1400
	2010	−0. 1193
	2014	−0. 0953
租赁和商务服务业	2000	−0. 0519
	2005	−0. 0886
	2010	−0. 0773
	2014	−0. 0386
科学研究	2000	—
	2005	—
	2010	−0. 1277
	2014	−0. 1036
教育	2000	−0. 0979
	2005	−0. 1403
	2010	−0. 1188
	2014	−0. 0942
卫生和社会工作	2000	—
	2005	—
	2010	−0. 1191
	2014	−0. 0945

行　业	年份	价值链位置
其他	2000	−0. 1006
	2005	−0. 1382
	2010	−0. 1226
	2014	−0. 0997

数据来源：经 WIOD 数据库 2016 年公布的世界投入产出表整理并计算而得。

注：表中"—"表示世界投入产出表中该行业无数据。

3.2.2　现状的原因分析

通过对我国服务业各细分行业在全球价值链中的发展现状进行分析，发现大部分行业在参与国际分工过程中的发展情况均不乐观，个别行业甚至低于平均发展水平。从增加值角度看，我国服务业各细分行业存在的下述问题是形成此现状的原因。

第一，我国服务业大部分细分行业出口产品中国内增加值占比下降，且国内增加值较少参与多次跨境流动。从表 3-17 中可以看出，我国服务业大部分细分行业出口产品中国内增加值占比均呈不同程度下降趋势，并且多数行业的这种下降是由于出口产品中被国外吸收的国内增加值比重大幅回落造成的，其中以租赁和商务服务业以及教育行业的下降最为明显。另外，无论是返回并被本国吸收的国内增加值占总出口的比重，还是被直接进口国生产向第三国出口所吸收的中间品出口占比，两者均较小，以农、林、牧、渔专业及辅助性活动，水利、环境和公共设施管理业，科学研究以及其他行业的占比情况最为恶劣。

第二，在后向垂直专业化指数中，个别行业 FVA_FIN 占据最大比重，大部分行业 FVA_INT 占比呈现下降的发展趋势，FDC 比重微小。通过观察表 3-18 可知，我国服务业虽然大部分行业 FVA_INT 占据 VS 的较大比重，但个别行业则是 FVA_FIN 占据主导地位，如农、林、牧、渔专业及辅助性活动，水利、环境和公共设施管理业、科学研究以及其他行业。而且在VS 中 FVA_INT 占据主导地位的行业中有近 60% 的服务行业 FVA_INT 的占比发展趋势出现回落，以水利、环境和公共设施管理业以及其他行业的回落幅度最大。另外，服务业各行业 VS 中 FDC 占比微小，普遍低于5%，科学研究行业 2014 年 FDC 占 VS 的比重甚至仅为 0.91%。

表 3-17　中国服务业各行业出口产品中国内增加值结构

（单位：亿美元,%）

行业	年份	被国外吸收的国内增加值	最终出口的国内增加值占比	被直接进口国吸收的中间出口占比	被直接进口国生产向第三国出口所吸收的中间出口占比	返回并被本国吸收的国内增加值	被国外吸收的国内增加值占总出口的比重	返回并被本国吸收的国内增加值占总出口的比重
1	2000	2.91	62.20	37.11	0.69	0.007	88.29	0.21
	2005	7.09	44.43	54.58	0.99	0.046	82.87	0.54
	2010	10.28	32.59	66.25	1.17	0.133	84.56	1.10
	2014	11.32	60.95	38.25	0.80	0.105	87.67	0.82
2	2000	0.65	30.77	67.69	1.54	0.003	88.10	0.38
	2005	1.89	46.03	51.85	1.59	0.012	82.90	0.52
	2010	3.20	72.19	26.88	0.94	0.017	85.34	0.46
	2014	15.66	56.90	40.29	2.87	0.168	87.54	0.94
3	2000	160.11	33.95	64.97	1.08	0.659	88.12	0.36
	2005	300.86	34.24	64.62	1.14	2.302	82.75	0.63
	2010	995.91	34.84	64.07	1.09	12.508	84.60	1.06
	2014	1614.72	36.19	62.71	1.10	24.568	87.07	1.32

续表

行业	年份	被国外吸收的国内增加值	最终出口的国内增加值占比	被直接进口国吸收的中间出口占比	被直接进口国生产向第三国出口所吸收的中间出口占比	返回并被本国吸收的国内增加值	被国外吸收的国内增加值占总出口的比重	返回并被本国吸收的国内增加值占总出口的比重
4	2000	107.25	36.55	62.16	1.29	0.422	88.13	0.35
	2005	263.53	36.37	62.34	1.29	1.951	82.78	0.61
	2010	636.02	36.21	62.42	1.36	7.853	84.63	1.04
	2014	738.57	37.62	61.10	1.27	11.015	87.10	1.30
5	2000	27.85	34.94	63.99	1.08	0.113	88.12	0.36
	2005	60.11	34.85	64.02	1.13	0.456	82.76	0.63
	2010	84.28	34.93	63.99	1.08	1.057	84.61	1.06
	2014	78.68	33.64	65.24	1.12	1.245	87.01	1.38
6	2000	10.83	35.92	62.88	1.20	0.043	88.13	0.35
	2005	23.88	35.76	62.98	1.26	0.178	82.77	0.62
	2010	89.62	31.37	67.41	1.23	1.187	84.53	1.12
	2014	135.03	36.69	62.16	1.15	2.040	87.08	1.32
7	2000	0.88	35.23	63.64	1.14	0.004	88.13	0.35
	2005	4.28	33.88	64.95	1.17	0.033	82.74	0.64
	2010	29.75	33.71	65.18	1.08	0.380	84.58	1.08
	2014	61.87	36.80	62.13	1.07	0.932	87.09	1.31
8	2000	69.89	23.59	70.58	5.82	0.312	88.08	0.39
	2005	186.40	25.16	68.29	6.55	1.620	82.65	0.72
	2010	470.63	19.47	75.03	5.50	7.659	84.25	1.37
	2014	568.93	17.20	75.74	7.06	11.883	86.52	1.81

续表

行业	年份	被国外吸收的国内增加值	最终出口的国内增加值占比	被直接进口国吸收的中间出口占比	被直接进口国生产向第三国出口所吸收的中间出口占比	返回并被本国吸收的国内增加值	被国外吸收的国内增加值占总出口的比重	返回并被本国吸收的国内增加值占总出口的比重
9	2000	—	—	—	—	—	—	—
	2005	—	—	—	—	—	—	—
	2010	3.26	79.75	19.94	0.31	0.013	85.49	0.34
	2014	3.59	81.62	18.11	0.28	0.016	88.18	0.39
10	2000	0.84	35.71	63.10	1.19	0.003	88.12	0.36
	2005	1.75	34.86	64.00	1.14	0.013	82.76	0.63
	2010	4.64	30.82	68.10	1.08	0.062	84.52	1.13
	2014	6.19	30.21	68.66	1.13	0.103	86.93	1.45
11	2000	—	—	—	—	—	—	—
	2005	—	—	—	—	—	—	—
	2010	5.50	32.18	66.73	1.09	0.072	84.55	1.11
	2014	6.10	31.48	67.38	1.15	0.100	86.96	1.42
12	2000	67.97	52.10	47.14	0.77	0.203	88.23	0.26
	2005	72.68	23.89	74.83	1.28	0.644	82.62	0.73
	2010	83.76	51.47	47.73	0.79	0.783	84.93	0.79
	2014	93.53	59.41	39.90	0.68	0.905	87.64	0.85

数据来源：经 WIOD 数据库 2016 年公布的世界投入产出表整理并计算而得。

注：①1 表示农、林、牧、渔专业及辅助性活动；2 表示水利、环境和公共设施管理业；3 表示批发零售；4 表示交通运输、仓储和邮政业；5 表示住宿餐饮；6 表示信息传输、软件和信息技术服务业；7 表示金融业；8 表示租赁和商务服务业；9 表示科学研究；10 表示教育；11 表示卫生和社会工作；12 表示其他。

②表中"—"表示世界投入产出表中该行业无数据。

表 3-18　中国服务业各行业垂直专业的结构　　（单位:%）

行业	年份	在 VS 中的占比			在 VS1 中的占比		
		FVA_FIN	FVA_INT	FDC	DVA_REX	RDV	DDC
1	2000	61.94	37.06	1.00	71.01	24.99	4.01
	2005	44.08	54.02	1.90	54.71	35.61	9.67
	2010	32.07	65.12	2.81	41.31	47.94	10.75
	2014	60.32	37.75	1.93	40.62	50.11	9.28
2	2000	30.52	67.09	2.39	78.50	18.52	2.97
	2005	45.95	51.40	2.65	69.23	24.25	6.52
	2010	71.74	26.72	1.55	55.85	36.18	7.97
	2014	56.17	39.68	4.15	69.37	26.05	4.58
3	2000	33.78	64.57	1.64	69.32	26.44	4.24
	2005	33.91	63.87	2.22	53.94	36.22	9.84
	2010	34.31	62.96	2.73	41.54	47.75	10.71
	2014	35.55	61.45	3.00	37.82	52.45	9.73
4	2000	36.39	61.79	1.82	73.74	22.63	3.63
	2005	36.03	61.64	2.33	57.85	33.16	8.99
	2010	35.68	61.36	2.96	47.44	42.98	9.58
	2014	36.97	59.89	3.14	41.88	49.05	9.07
5	2000	34.76	63.62	1.62	69.39	26.39	4.23
	2005	34.52	63.28	2.20	53.96	36.21	9.84
	2010	34.40	62.89	2.71	41.32	47.93	10.75
	2014	33.03	63.87	3.10	37.40	52.80	9.80
6	2000	35.74	62.54	1.71	71.64	24.44	3.92
	2005	35.42	62.27	2.31	56.96	33.85	9.18
	2010	30.86	66.19	2.95	43.14	46.46	10.40
	2014	36.04	60.92	3.04	39.09	51.38	9.52
7	2000	35.42	62.98	1.60	69.33	26.43	4.24
	2005	33.48	64.32	2.20	53.19	36.81	10.00
	2010	33.20	64.05	2.75	41.04	48.16	10.80
	2014	36.16	60.89	2.96	37.45	52.76	9.79

续表

行业	年份	在 VS 中的占比			在 VS1 中的占比		
		FVA_FIN	FVA_INT	FDC	DVA_REX	RDV	DDC
8	2000	23.47	70.12	6.41	91.83	7.04	1.13
	2005	24.88	67.44	7.68	85.69	11.37	2.95
	2010	19.10	73.43	7.47	73.63	21.79	4.58
	2014	16.78	73.77	9.44	74.25	21.96	3.79
9	2000	—	—	—	—	—	—
	2005	—	—	—	—	—	—
	2010	79.29	19.83	0.88	42.79	46.75	10.47
	2014	81.17	17.92	0.91	39.80	50.79	9.41
10	2000	35.15	63.27	1.58	68.63	27.04	4.33
	2005	34.47	63.37	2.15	52.96	36.98	10.05
	2010	30.29	66.85	2.86	40.82	48.34	10.84
	2014	29.61	67.15	3.24	37.06	53.08	9.86
11	2000	—	—	—	—	—	—
	2005	—	—	—	—	—	—
	2010	31.62	65.58	2.81	40.82	48.34	10.84
	2014	30.87	65.94	3.18	37.06	53.08	9.86
12	2000	51.92	46.91	1.17	68.72	26.96	4.32
	2005	23.62	73.87	2.52	53.12	36.86	10.02
	2010	50.89	47.09	2.02	40.94	48.24	10.82
	2014	58.74	39.35	1.90	37.25	52.92	9.82

数据来源：经 WIOD 数据库 2016 年公布的世界投入产出表整理并计算而得。

注：①1 表示农、林、牧、渔专业及辅助性活动；2 表示水利、环境和公共设施管理业；3 表示批发零售；4 表示交通运输、仓储和邮政业；5 表示住宿餐饮；6 表示信息传输、软件和信息技术服务业；7 表示金融业；8 表示租赁和商务服务业；9 表示科学研究；10 表示教育；11 表示卫生和社会工作；12 表示其他。

②表中"—"表示世界投入产出表中该行业无数据。

第三，从前向垂直专业化指数的构成看，所有细分行业的 DVA_REX 占比均下降。从表 3-18 中可以看出，信息传输、软件和信息技术服务业降幅最大，2000 年该行业 DVA_REX 占 VS1 的比重为 71.64%，而到 2014 年降至 39.09%，下降了近 33%。这说明我国服务业所有细分行业通过间接增加值出口主导和控制全球价值链的能力下降。另外，各细分行业 VS1 中 DDC 占比普遍回落，降幅最大的是水利、环境和公共设施管理业，从 2010 年的 7.97% 降至 2014 年的 3.39%，降幅高达近 4%。这表明我国各服务行业在参与全球价值链的过程中，国内价值链构建的完善程度却在下降。

第四，从不同部分对各行业全球价值链地位指数的贡献率来看，服务业全体细分行业国外增加值贡献率均显著大于间接增加值贡献率，从表 3-19 可知，各行业两部分的贡献率大致是 90% 和 10%。科学研究行业两者的占比情况更加极端，2014 年该行业 IV 对全球价值链地位指数的贡献率仅为 2.63%，而 FV 却高达 97.37%。从两部分贡献率发展趋势来看，服务业普遍细分行业的 IV 贡献率均提升缓慢，以交通运输、仓储和邮政业上升速度最慢，2000 年 IV 对该行业全球价值链地位指数贡献率为 9.13%，发展到 2014 年仍仅为 9.16%。个别行业 IV 的贡献率甚至出现下降，如信息传输、软件和信息技术服务业以及其他行业，2000 年上述行业对全球价值链地位指数的贡献率分别为 8.37% 和 5.59%，但到了 2014 年却降至 8.33% 和 5.08%。

表 3-19　中国服务业各行业全球价值链

地位指数贡献率构成　　　　（单位:%）

行业	年份	IV 贡献率	FV 贡献率
农、林、牧、渔专业及辅助性活动	2000	4.95	95.05
	2005	4.85	95.15
	2010	6.46	93.54
	2014	5.61	94.39

续表

行业	年份	IV 贡献率	FV 贡献率
水利、环境和公共设施管理业	2000	12.48	87.52
	2005	8.45	91.55
	2010	4.90	95.10
	2014	18.65	81.35
批发零售	2000	7.77	92.23
	2005	5.54	94.46
	2010	6.32	93.68
	2014	7.98	92.02
交通运输、仓储和邮政业	2000	9.13	90.87
	2005	6.24	93.76
	2010	7.78	92.22
	2014	9.16	90.84
住宿餐饮	2000	7.69	92.31
	2005	5.49	94.51
	2010	6.25	93.75
	2014	8.14	91.86
信息传输、软件和信息技术服务业	2000	8.37	91.63
	2005	6.08	93.92
	2010	7.06	92.94
	2014	8.33	91.67
金融业	2000	7.60	92.40
	2005	5.41	94.59
	2010	6.29	93.71
	2014	7.79	92.21

续表

行业	年份	IV 贡献率	FV 贡献率
租赁和商务服务业	2000	32.36	67.64
	2005	26.29	73.71
	2010	26.21	73.79
	2014	37.26	62.74
科学研究	2000	—	—
	2005	—	—
	2010	2.15	97.85
	2014	2.63	97.37
教育	2000	7.40	92.60
	2005	5.29	94.71
	2010	6.50	93.50
	2014	8.41	91.59
卫生和社会工作	2000	—	—
	2005	—	—
	2010	6.38	93.62
	2014	8.27	91.73
其他	2000	5.59	94.41
	2005	6.17	93.83
	2010	4.65	95.35
	2014	5.08	94.92

数据来源：经 WIOD 数据库 2016 年公布的世界投入产出表整理并计算而得。

注：表中"—"表示世界投入产出表中该行业无数据。

3.2.3 与美国的对比分析

1. 出口总量及构成

一方面，我国各行业出口总量严重落后于美国。表 3-20 总结了 2014 年我国服务业各行业与美国出口总量的对比情况，通过观察发现，除住宿餐饮业我国出口量高于美国以外，其余行业均与美国相差甚远。其中，我国金融业与美国差距最大，2014 年我国该行业的出口量为 71.04 亿美元，美国为 1178 亿美元，高出我国 1106.96 亿美元，我国的出口量仅为美国的 6.03%；其次为其他，科学研究，交通运输、仓储和邮政业，两国之间的差距均超过 500 亿美元。由此可见，我国服务业各行业在国际市场上的占有率均显著低于美国。

表 3-20　2014 年中美服务业各行业

出口总量及结构比较　　（单位：亿美元，%）

行业	类别	中国	美国
农、林、牧、渔专业及辅助性活动	总出口	12.91	58.30
	最终品出口占比	61.08	27.27
	中间品出口占比	38.92	72.73
水利、环境和公共设施管理业	总出口	17.89	192.55
	最终品出口占比	56.88	0.09
	中间品出口占比	43.12	99.91
批发零售	总出口	1854.49	1976.11
	最终品出口占比	36.00	54.13
	中间品出口占比	64.00	45.87
交通运输、仓储和邮政业	总出口	847.94	1349.34
	最终品出口占比	37.44	29.65
	中间品出口占比	62.56	70.35

续表

行业	类别	中国	美国
住宿餐饮	总出口	90.43	15.92
	最终品出口占比	33.44	38.97
	中间品出口占比	66.56	61.03
信息传输、软件和信息技术服务业	总出口	155.06	392.99
	最终品出口占比	36.50	28.21
	中间品出口占比	63.50	71.79
金融业	总出口	71.04	1178.00
	最终品出口占比	36.61	29.49
	中间品出口占比	63.39	70.51
租赁和商务服务业	总出口	657.55	1100.76
	最终品出口占比	17.00	13.02
	中间品出口占比	83.00	86.98
科学研究	总出口	4.07	527.00
	最终品出口占比	82.19	22.98
	中间品出口占比	17.81	77.02
教育	总出口	7.13	43.35
	最终品出口占比	29.99	27.18
	中间品出口占比	70.01	72.82
卫生和社会工作	总出口	7.02	19.43
	最终品出口占比	31.26	24.01
	中间品出口占比	68.74	75.99
其他	总出口	106.72	836.45
	最终品出口占比	59.48	39.21
	中间品出口占比	40.52	60.79

数据来源：经 WIOD 数据库 2016 年公布的世界投入产出表整理和计算而得。

另一方面，在出口结构上美国更多的是向国际市场提供服务中间品。

从表 3-20 中发现，2014 年美国的水利、环境和公共设施管理业中间品出口占总出口的比例为 99.91%，而我国仅为 43.12%，我国在该领域仍主要以出口最终品为主。同样的，我国在科学研究和其他行业均主要以出口最终品为主，而美国则以出口中间品为主，2014 年美国科学研究行业以中间品形式出口的数额占总出口额的 77.02%，其他行业的这一比例也超过一半，而我国在这两个行业中以中间品形式出口的数额均不及总出口额的 50%，科学研究行业甚至低至 17.81%。

2. 参与分工模式

美国服务业各细分行业虽然也是以后向参与模式为主，但通过对比表 3-21 中的数据可以看出，美国服务业各行业的后向垂直专业化率显著低于我国，我国各服务行业的 VS 普遍大于 0.11，而美国则普遍小于 0.08。前向垂直专业化率除租赁和商务服务业以外，我国服务业剩余行业 VS1 均低于美国。科学研究行业与美国差距最大，2014 年该行业我国的 VS1 为 0.0076，而同期美国高达 0.0534，其次是农、林、牧、渔专业及辅助性活动，水利、环境和公共设施管理业，交通运输、仓储和邮政业。另外，美国各行业前后向垂直专业化指数差距不大，其中以水利、环境和公共设施管理业体现得尤为明显，2014 年 VS 的数值为 0.0707，VS1 的数值为 0.0706，而同时期的我国两者分别为 0.1136 和 0.0360，彼此间差距较大。

表 3-21　2014 年中美服务业各行业垂直专业化比较

行业	国别	VS	VS1
1	中国	0.1136	0.0163
	美国	0.0707	0.0558
2	中国	0.1136	0.0360
	美国	0.0707	0.0706
3	中国	0.1136	0.0253
	美国	0.0707	0.0317

行业	国别	VS	VS1
4	中国	0.1136	0.0265
	美国	0.0707	0.0625
5	中国	0.1136	0.0261
	美国	0.0707	0.0477
6	中国	0.1136	0.0256
	美国	0.0707	0.0508
7	中国	0.1136	0.0249
	美国	0.0707	0.0486
8	中国	0.1136	0.0823
	美国	0.0707	0.0651
9	中国	0.1136	0.0076
	美国	0.0707	0.0534
10	中国	0.1136	0.0272
	美国	0.0707	0.0520
11	中国	0.1136	0.0268
	美国	0.0707	0.0529
12	中国	0.1136	0.0160
	美国	0.0707	0.0424

数据来源：经 WIOD 数据库 2016 年公布的世界投入产出表整理并计算而得。

注：①1 表示农、林、牧、渔专业及辅助性活动；2 表示水利、环境和公共设施管理业；3 表示批发零售；4 表示交通运输、仓储和邮政业；5 表示住宿餐饮；6 表示信息传输、软件和信息技术服务业；7 表示金融业；8 表示租赁和商务服务业；9 表示科学研究；10 表示教育；11 表示卫生和社会工作；12 表示其他。

②由于服务业各行业考察年间 VS 的差别微小，仅在小数点后第九位开始不同，而本表仅保留小数点后四位数字，所以各行业在考察年间 VS 均相同。

3. 全球价值链地位指数

表 3-22 表明，我国服务业各行业 2014 年的全球价值链地位指数均严重滞后于美国。其中我国交通运输、仓储和邮政业与美国差距最大，2014 年我国该行业的全球价值链地位指数为 -0.0934，而美国则为 -0.0287。其次为农、林、牧、渔专业及辅助性活动，科学研究行业。

表 3-22　2014 年中美服务业各行业全球价值链地位指数比较

行　　业	国别	价值链位置
农、林、牧、渔专业及辅助性活动	中国	-0.0990
	美国	-0.0370
水利、环境和公共设施管理业	中国	-0.0787
	美国	-0.0320
批发零售	中国	-0.0950
	美国	-0.0524
交通运输、仓储和邮政业	中国	-0.0934
	美国	-0.0287
住宿餐饮	中国	-0.0947
	美国	-0.0410
信息传输、软件和信息技术服务业	中国	-0.0945
	美国	-0.0421
金融业	中国	-0.0953
	美国	-0.0440
租赁和商务服务业	中国	-0.0386
	美国	-0.0327
科学研究	中国	-0.1036
	美国	-0.0414

续表

行　　业	国别	价值链位置
教育	中国	-0.0942
	美国	-0.0412
卫生和社会工作	中国	-0.0945
	美国	-0.0415
其他	中国	-0.0997
	美国	-0.0468

数据来源：经 WIOD 数据库 2016 年公布的世界投入产出表整理并计算而得。

综上所述，美国服务业各行业在全球价值链中的发展情况均较我国乐观，对于我国而言，美国服务业各行业是以支配者和主导者的身份参与国际分工的。从增加值角度看，我国服务业各行业之所以处于被支配地位，主要是在以下几个方面与美国存在巨大差距。

首先，我国服务业各细分行业出口产品中国内增加值所占比例均不及美国。从表 3-23 可知，无论是被国外吸收的国内增加值，还是返回并被本国吸收的国内增加值，我国各服务行业均落后于美国，美国服务业各行业出口产品中国内增加值占比均比我国高出 4%以上。中美之间差距最大的行业是批发零售业，2014 年我国该行业出口产品中国内增加值占出口总额的比重为 88.39%，而美国为 92.82%，较我国高出 4.43%。其中，美国该行业出口产品中被国外吸收的国内增加值占总出口的比重比我国高出 4.05%，而返回并被本国吸收的国内增加值占总出口的比重比较我国高出 0.38%。其余行业也是一样，出口产品中国内增加值占比不及美国均是由被国外吸收的国内增加值占比过小导致的。

其次，美国各服务行业国内增加值参与多次跨境流动，在个别行业上美国的国内增加值出口结构优于我国。如表 3-23 所示，无论是返回并被本国吸收的国内增加值占总出口的比重，还是被国外吸收的国内增加值占总出口的比重，美国各行业的占比情况均优于我国。而且在我国发展较薄弱的农、林、牧、渔专业及辅助性活动，科学研究和其他行业，美国的国内增加值出口结构更加优化，美国出口产品中被国外吸收的国内增加值大部分包含在中间品出口中被直接进口国所吸收，其次在最终品中国内增加值实现出口，最后以间接出口的形式包含在中间品中，而我国被国外吸收的国内增加值则主国体现在最终品出口中。

表3-23　2014年中美服务业各行业出口产品

中国内增加值结构比较　（单位：亿美元,%）

行业	国别	被国外吸收的国内增加值	最终出口的国内增加值占比	被直接进口国吸收的中间出口占比	被直接进口国生产向第三国出口所吸收的中间出口占比	返回并被本国吸收的国内增加值	被国外吸收的国内增加值占总出口的比重	返回并被本国吸收的国内增加值占总出口的比重
1	中国	11.32	60.95	38.25	0.80	0.11	87.67	0.82
	美国	52.54	27.96	68.96	3.06	1.54	90.11	2.64
2	中国	15.66	56.90	40.29	2.87	0.17	87.54	0.94
	美国	171.43	0.09	96.36	3.55	7.05	89.03	3.66
3	中国	1614.72	36.19	62.71	1.10	24.57	87.07	1.32
	美国	1800.70	54.89	43.61	1.50	33.52	91.12	1.70
4	中国	738.57	37.62	61.10	1.27	11.02	87.10	1.30
	美国	1217.86	30.36	65.68	3.96	33.86	90.26	2.51
5	中国	78.68	33.64	65.24	1.12	1.25	87.01	1.38
	美国	14.42	39.74	57.56	2.64	0.35	90.57	2.22
6	中国	135.03	36.69	62.16	1.15	2.04	87.08	1.32
	美国	354.17	28.92	68.56	2.52	10.36	90.12	2.64
7	中国	61.87	36.80	62.13	1.07	0.93	87.09	1.31
	美国	1062.14	30.22	67.46	2.32	30.58	90.16	2.60

续表

行业	国别	被国外吸收的国内增加值	最终出口的国内增加值占比	被直接进口吸收的中间出口占比	被直接进口国生产向第三国出口所吸收的中间出口占比	返回并被本国吸收的中间出口	被国外吸收的国内增加值占总出口的比重	返回并被本国吸收的国内增加值占总出口的比重
8	中国	568.93	17.20	75.74	7.06	11.88	86.52	1.81
	美国	985.79	13.43	83.07	3.50	34.87	89.56	3.17
9	中国	3.59	81.62	18.11	0.28	0.02	88.18	0.39
	美国	473.85	23.61	73.80	2.59	14.92	89.91	2.83
10	中国	6.19	30.21	68.66	1.13	0.10	86.93	1.45
	美国	39.05	27.89	69.50	2.61	1.16	90.09	2.67
11	中国	6.10	31.48	67.38	1.15	0.10	86.96	1.42
	美国	17.48	24.66	72.77	2.57	0.54	89.96	2.79
12	中国	93.53	59.41	39.90	0.68	0.91	87.64	0.85
	美国	757.37	40.01	57.93	2.05	18.72	90.55	2.24

数据来源：经 WIOD 数据库 2016 年公布的世界投入产出表整理并计算而得。

注：1 表示农、林、牧、渔专业及辅助性活动；2 表示水利、环境和公共设施管理业；3 表示批发零售；4 表示交通运输、仓储和邮政业；5 表示住宿餐饮；6 表示信息传输、软件和信息技术服务业；7 表示金融业；8 表示租赁和商务服务业；9 表示科学研究；10 表示教育；11 表示卫生和社会工作；12 表示其他。

再次，从表 3-24 中后向垂直专业化指数构成看，在我国以利用进口的零部件进行最终产品生产的服务行业中，美国 VS 构成中仍以中间产品出口的国外增加值显著高于以最终产品出口的国外增加值和来自国外账户的纯重复计算部分的形式呈现，如农、林、牧、渔专业及辅助性活动，水利、环境和公共设施管理业，科学研究以及其他行业。另外，除租赁和商务服务业以外，美国其余行业后向垂直专业化指数中来自国外账户纯重复计算部分的占比均显著高于我国，在农、林、牧、渔专业及辅助性活动和科学研究行业体现得最为明显。2014 年美国上述两个服务行业 VS 中 FDC 的占比分别为 6.16% 和 5.92%，而我国仅为 1.93% 和 0.91%。

表3-24　2014 年中美服务业各行业垂直专业结构比较（单位:%）

行业	国别	在 VS 中的占比			在 VS1 中的占比		
		FVA_FIN	FVA_INT	FDC	DVA_REX	RDV	DDC
1	中国	60.32	37.75	1.93	40.62	50.11	9.28
	美国	27.11	66.73	6.16	49.54	47.36	3.10
2	中国	56.17	39.68	4.15	69.37	26.05	4.58
	美国	0.09	92.10	7.81	44.78	51.84	3.38
3	中国	35.55	61.45	3.00	37.82	52.45	9.73
	美国	53.82	42.66	3.51	43.02	53.49	3.49
4	中国	36.97	59.89	3.14	41.88	49.05	9.07
	美国	29.48	63.66	6.86	57.20	40.17	2.63
5	中国	33.03	63.87	3.10	37.40	52.80	9.80
	美国	38.75	55.99	5.26	50.51	46.45	3.04
6	中国	36.04	60.92	3.04	39.09	51.38	9.52
	美国	28.04	66.33	5.62	44.77	51.85	3.38
7	中国	36.16	60.89	2.96	37.45	52.76	9.79
	美国	29.32	65.29	5.38	43.08	53.44	3.49
8	中国	16.78	73.77	9.44	74.25	21.96	3.79
	美国	12.95	79.87	7.18	48.13	48.69	3.18
9	中国	81.17	17.92	0.91	39.80	50.79	9.41
	美国	22.85	71.23	5.92	43.56	52.98	3.46
10	中国	29.61	67.15	3.24	37.06	53.08	9.86
	美国	27.03	67.21	5.76	45.35	51.30	3.35

行业	国别	在 VS 中的占比			在 VS1 中的占比		
		FVA_FIN	FVA_INT	FDC	DVA_REX	RDV	DDC
11	中国	30.87	65.94	3.18	37.06	53.08	9.86
	美国	23.88	70.26	5.86	43.80	52.76	3.44
12	中国	58.74	39.35	1.90	37.25	52.92	9.82
	美国	38.99	56.31	4.70	43.82	52.73	3.44

数据来源：经 WIOD 数据库 2016 年公布的世界投入产出表整理并计算而得。

注：1 表示农、林、牧、渔专业及辅助性活动；2 表示水利、环境和公共设施管理业；3 表示批发零售；4 表示交通运输、仓储和邮政业；5 表示住宿餐饮；6 表示信息传输、软件和信息技术服务业；7 表示金融业；8 表示租赁和商务服务业；9 表示科学研究；10 表示教育；11 表示卫生和社会工作；12 表示其他。

最后，从各部分对全球价值链地位指数的贡献程度看，美国各服务行业中 IV 的贡献程度均显著大于我国。从表 3-25 中可以看出，除水利、环境和公共设施管理业，租赁和商务服务业以外，IV 对我国各服务行业全球价值链地位指数的贡献率均在 10% 以下，相反，美国则普遍在 25% 以上。其中以农、林、牧、渔专业及辅助性活动，交通运输、仓储和邮政业，科学研究行业与美国的差距最大。2014 年我国上述行业全球价值链地位指数中 IV 贡献率分别为 5.61%、9.16% 和 2.63%，而美国则高达 29.42%、35.18% 和 25.93%。

表 3-25 2014 年中美服务业各行业全球价值链
地位指数贡献率结构比较 （单位:%）

行业	国别	IV 贡献率	FV 贡献率
农、林、牧、渔专业及辅助性活动	中国	5.61	94.39
	美国	29.42	70.58

续表

行业	国别	IV 贡献率	FV 贡献率
水利、环境和公共设施管理业	中国	18.65	81.35
	美国	32.66	67.34
批发零售	中国	7.98	92.02
	美国	16.67	83.33
交通运输、仓储和邮政业	中国	9.16	90.84
	美国	35.18	64.82
住宿餐饮	中国	8.14	91.86
	美国	26.47	73.53
信息传输、软件和信息技术服务业	中国	8.33	91.67
	美国	25.43	74.57
金融业	中国	7.79	92.21
	美国	23.83	76.17
租赁和商务服务业	中国	37.26	62.74
	美国	32.30	67.70
科学研究	中国	2.63	97.37
	美国	25.93	74.07
教育	中国	8.41	91.59
	美国	26.16	73.84
卫生和社会工作	中国	8.27	91.73
	美国	25.84	74.16
其他	中国	5.08	94.92
	美国	21.63	78.37

数据来源：经 WIOD 数据库 2016 年公布的世界投入产出表整理并计算而得。

3.3 发展前景分析

3.3.1 世界经济持续低迷

自 2007—2009 年国际金融危机爆发以来，世界经济发展形势虽有所缓和，但增长速度十分缓慢。发达国家经济增速从 2010 年的 2.3% 降至 2016 年的 1.7%，新兴经济体和发展中国家的经济发展速度同样出现下滑，从 2010 年的 7.5% 递减至 2016 年的 4.3%。为此，联合国、国际货币基金组织（IMF）、世界银行、经合组织（OECD）、世界贸易组织（WTO）等几乎所有国际组织每年都要多次下调全球增长预期。

因为造成世界经济复苏缓慢的原因无法得到有效解决，所以这种低迷的发展趋势还将长时间持续。一方面，解决有效需求不足的手段发挥空间有限。造成世界经济发展缓慢的原因之一在于有效需求严重不足，为了通过扩大需求为经济增长增添活力，各国已经实施了力度强劲的财政政策和货币政策。发展至今，巨额的财政赤字和迟钝的货币政策传导机制对经济的刺激作用已经下降，财政和货币政策的发挥空间均已非常有限。另一方面，人口老龄化问题无法在短期内通过政策手段予以解决。人口老龄化会降低实际劳动供给率，特别是当就业人口年龄增长到 50 岁后，劳动生产率增长便开始趋于缓慢甚至停滞，人口老龄化通过影响劳动生产率阻碍了经济的高速发展。而且人口老龄化加速发展导致对公共资源和社会安全需求加剧，社会经济政策将趋于保守，这种政策更是降低了经济发展的动力。人口日益老龄化问题虽然可以通过政策予以调节，但政策效果在短时间内无法显现。总之，影响经济复苏的因素目前无法通过政策的调整予以有效解决，这将阻碍我国服务业在全球价值链中的快速发展进程。

另外，世界经济一些深层次的变化也会深刻地影响我国服务业未来在全球价值链中的运行情况。首先，收入分配两极分化越来越严重，财富集中度的增加通常都会伴随着总需求的减少，有效需求的降低会直接影响我国服务贸易的发展。其次，科技创新的弊大于利。目前，世界经济正面临从第三次工业革命到第四次工业革命的转移，科技创新在初始阶段对现存技术和生产的破坏和颠覆为经济带来巨大的不确定性大于收益，势必影响我国服务领域的投资。再次，世界政治环境不稳定趋势加剧。目前，世界绝大多数国家的国内社会发展环境均较动荡，国内社会不稳定又会转成国家之间的矛盾和冲突，如英国脱欧、美国大选、欧洲难民危机等。今天世界经济面临的传统地缘政治风险加大、各国国内社会对立和不稳定因素上升，以及未来可能的国内不稳定转为新的地缘政治冲突。政治风险将通过影响投资、消费等方面对我国服务业在全球价值链中的发展产生巨大威胁。

3.3.2 "逆全球化"盛行

全球经济复苏缓慢导致"逆全球化"盛行，贸易保护主义逐渐抬头。2017 年 7 月英国经济政策研究中心（CEPR）发布的《全球贸易预警》报告中说，"在 2008 年 11 月至 2017 年 6 月期间，二十国集团（G20）的 19 个成员国（不包括欧盟）总计出台了 6616 项贸易和投资限制措施，相比而言，贸易和投资自由化措施仅为 2254 项"，设置贸易壁垒成为"逆全球化"的主要手段。"逆全球化"进程中以英国公投脱欧、特朗普贸易保护等为最具代表性事件。英国曾是经济全球化的主要受益者，但近年来其发展受到全球化的负面影响不断加剧，经济出现结构性问题，另外，欧盟的自身制度局限、欧洲难民潮和其他政治社会问题最终推动英国于 2016 年就脱欧举行全民公投。从美国方面看，其更是强烈助推了贸易保护主义的发展。有数据显示，自金融危机以来，美国共颁布 1191 项贸易和投资限制措施，数量在世界所有国家中占第一位，占 G20 成员国家保护主义措施总数的 18%，比排名第二的印度多 462 项，是我国的 4.5 倍多。①

---

① 渠慎宁，杨丹辉. 美国对华关税制裁及对美国在华投资企业的影响[J]. 国际贸易，2018（11）：40.

为了积极应对和解决"逆全球化"问题,多方力量共同努力但均效果不佳。在成员国存在巨大分歧的背景下,世贸组织主持的多哈回合贸易谈判除 2013 年巴厘岛部长会议上签署了《贸易便利化协定》和 2015 年内罗毕部长会议上签署了取消农产品补贴的协议外,并没有获得任何实质性进展,并陷入僵局。随着多哈回合谈判陷入停滞,在国际经贸治理中扮演重要角色的 WTO 相关制度红利也逐渐消失,经济全球化进程严重受阻。

"逆全球化"的盛行会严重妨碍资本、技术、人员等生产要素和商品的跨国流动。一方面采取贸易保护主义经济政策的国家会使大量的生产要素回流,阻碍我国服务业从合作中获得共赢成果的同时,不利于我国服务业要素禀赋结构良性发展,从而影响服务产品的质量、种类以及国际竞争力;另一方面,这些国家会通过设置种种贸易壁垒阻止我国服务业对其进行资本和商品输出,这必然导致我国服务产品流通受阻、大量商品滞销,进而影响我国服务业企业的资本周转和再生产。另外,贸易壁垒的设置不仅会对我国服务业当前发展产生不利影响,还会改变我国服务贸易预期,造成贸易萎缩和投资减少,因此,贸易保护措施对我国服务贸易的影响远远大于其直接影响的数额。

3.4 本章小结

通过对我国服务业及其各细分行业在全球价值链中的发展现状进行分析,发现产业自身存在出口增长趋缓、出口产品结构无进一步优化迹象、以后向参与模式为主、价值链地位指数低位徘徊的问题。个别行业更是拉低了我国服务业整体在全球价值链中的发展水平,如农、林、牧、渔专业及辅助性活动,科学研究,其他行业等。从增加值角度对现状成因进行解读时可以看出,我国服务业在出口产品中国内增加值占出口总额的比重逐年下降,国内增加值较少经历多次跨国界流动,以中间品形式出口的产品中国外增加值占比波动较频繁,国内账户纯重复计算部分占比微小且出现下降的发展趋势,国外增加值对全球价值链地位指数的贡献率显著高于间接增加值贡献率。进一步地，通过将我国服务业及其各细分行业的发展现状和美国进行对比，更加清晰地认识到相对于我国而言，美国服务业在全球价值链中处于支配和主导的地位，其在市场占有率、出口产品结构、参与模式和全球价值链地位指数方面均具有绝对优势，我国服务业在国内增加值贡献方面、深度参与国际分工方面、产业升级方面、世界对我国中间投入品依赖程度方面以及产业自身发展对全球价值链地位指数贡献方面均与美国相差甚远。我国服务业在自身存在不足和被美国等发达经济体或服务大国掌控的同时还面临着全球经济发展缓慢以及"逆全球化"盛行的国际环境，三重阻碍力量使我国服务业试图在短期内单纯地通过参与全球价值链实现产业升级，进一步向高附加值领域攀升并带动国内经济增长的目标较为困难。

4 中国服务业在"一带一路"区域价值链中的发展现状及前景

我国服务业在全球价值链中的发展仍存在诸多不足，且与以美国为代表的发达国家和服务大国之间相差甚远。发达经济体和服务大国凭借其掌握的核心技术，在国际分工中处于主导地位，支配着全球价值链各环节的生产活动。同时，在世界经济发展缓慢和"逆全球化"盛行的国际背景下，处于相对被动地位的我国服务业试图在短时间内单纯地通过参与全球价值链实现产业升级、地位攀升以及强劲带动国内经济增长的目标难度较大。而"一带一路"倡议的提出为我国服务业实现产业升级，打破发达国家和服务大国的束缚提供了新的途径和思路。因此，在深入了解我国服务业如何通过参与"一带一路"区域价值链更好地实现其在全球价值链中高质量发展之前，首先必须明确我国服务业在"一带一路"区域价值链中的发展现状、形成此现状的成因以及未来的发展前景。本章节基于以上目标继续应用上文介绍的方法，明确我国服务业参与"一带一路"区域分工的情况，从增加值角度探析现状成因，并通过解析我国服务业所面临的区域发展环境探讨未来发展前景。

由于 WIOD 数据库尚未完整包含所有"一带一路"沿线国家，因此下文提及的"一带一路"沿线国家具体是指保加利亚、塞浦路斯、捷克、爱沙尼亚、希腊、克罗地亚、匈牙利、印度尼西亚、印度、立陶宛、拉脱维亚、波兰、罗马尼亚、俄罗斯、斯洛伐克、斯洛文尼亚、土耳其和其他。其中，其他是指 WIOD 公布的世界投入产出表中 ROW 这一项的数据。WIOD 数据库在编制世界投入产出表时将贸易量微小的国家均加总到 ROW 中体现，因此，本书将 ROW 这一项的数据近似替代投入产出表中未单独列出的"一带一路"沿线国家数据总和。

4.1 宏观层面分析

4.1.1 发展现状分析

从出口总量及增速上看，我国服务业向"一带一路"沿线区域出口总量整体呈现高速增长趋势。从图 4-1 中可以看出，在考察期间，除 2009 年和 2013 年以外，我国服务业向"一带一路"沿线区域出口量均逐年增加，从 2000 年的 349.13 亿美元增至 2014 年的 3096.55 亿美元，增幅高达 786.93%。其中以 2006—2008 年出口量增长速度最快，各年增长率均超过 30%，其次为 2010—2011 年，年增长率也在 28% 以上。尽管 2013 年的出口总量出现小幅下滑，但 2014 年便迅速回升，年增速较上年高出近 7%。

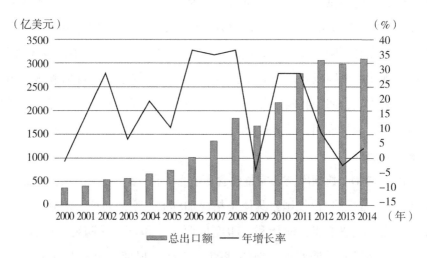

图 4-1　中国服务业向"一带一路"沿线区域出口总量及年增长率

数据来源：经 WIOD 数据库 2016 年公布的世界投入产出表整理和计算而得。

从出口产品结构看，我国服务业以向"一带一路"沿线各经济体出口中间品为主，并且出口产品结构不断优化。通过观察表 4-1 可知，在考察期内我国服务业以中间品形式向"一带一路"区域出口的比重均超过 50%，2003 年中间品占总出口的比重甚至达到 66.98%。这种以中间品形式为主的出口结构还在持续优化，最终品占总出口的比重已经从 2000 年的 41.05% 下降至 2014 年的 36.79%。

表 4-1　中国服务业向"一带一路"沿线区域的出口结构（单位:%）

年份	最终品占总出口的比重	中间品占总出口的比重
2000	41.05	58.95
2001	38.81	62.29
2002	35.82	65.43
2003	34.55	66.98
2004	36.74	65.07
2005	37.10	64.76
2006	37.48	64.38
2007	36.35	65.64
2008	38.12	63.78
2009	38.27	63.16
2010	36.00	65.50
2011	35.58	65.83
2012	35.30	66.03
2013	36.84	64.39
2014	36.79	64.46

数据来源：经 WIOD 数据库 2016 年公布的世界投入产出表整理和计算而得。

从参与模式看，我国服务业在"一带一路"区域价值链中逐渐转为以前向参与模式为主。应用同上一章节相同的方法和世界投入产出表计算

2000—2014 年我国服务业在"一带一路"区域价值链中的前后向垂直专业化指数,表 4-2 罗列了具体的核算结果,通过对比历年 VS 和 VS1 便可发现,2003 年之前 VS1 均大于 VS,我国服务业参与"一带一路"区域价值链的方式是前向参与模式。随后 VS 便实现反超,但 VS1 与 VS 的差距并不大,即我国服务产品出口对国外增加值投入的依赖程度与国外对我国服务中间品投入的依赖程度相当,我国服务业在"一带一路"区域价值链中处于相对平衡的发展状态。2014 年情况再次出现反转,我国服务再次回归前向参与发展模式,我国服务业出口对"一带一路"沿线各经济体供应的贡献程度增强。

表 4-2 中国服务业在"一带一路"沿线区域垂直专业化指数

年份	VS	VS1
2000	0.1145	0.1296
2001	0.1084	0.1313
2002	0.1181	0.1342
2003	0.1405	0.1347
2004	0.1611	0.1310
2005	0.1641	0.1302
2006	0.1642	0.1307
2007	0.1654	0.1230
2008	0.1541	0.1206
2009	0.1233	0.1070
2010	0.1406	0.1151
2011	0.1415	0.1235
2012	0.1309	0.1215
2013	0.1267	0.1148
2014	0.1132	0.1148

数据来源:经 WIOD 数据库 2016 年公布的世界投入产出表整理并计算而得。

从所处的"一带一路"区域价值链位置看，我国服务业在"一带一路"区域价值链中的地位指数呈波动式上升。应用同上一章节相同的方法和世界投入产出表构建 2000—2014 年我国服务业"一带一路"区域价值链地位指数，表 4-3 显示了具体的核算结果，通过观察可以发现，我国服务业在"一带一路"区域价值链中的地位首先经历了短暂的上升期，价值链地位指数从 2000 年的 0.0202 攀升至 2001 年的 0.0258，然后便遭遇了长时间的低落期，从 2003 年的 0.002 一直跌落至 2007 年的 -0.0301，自 2008 年开始波动式上升，虽然变化较为频繁，但我国服务业"一带一路"区域价值链地位指数还是从 2008 年的 -0.0247 攀升至 2014 年的 -0.0075。

表 4-3　中国服务业在"一带一路"区域价值链中的地位

年　份	地位指数
2000	0.0202
2001	0.0258
2002	0.0195
2003	0.0020
2004	-0.0176
2005	-0.0209
2006	-0.0213
2007	-0.0301
2008	-0.0247
2009	-0.0157
2010	-0.0245
2011	-0.0195
2012	-0.0151
2013	-0.0192
2014	-0.0075

数据来源：经 WIOD 数据库 2016 年公布的世界投入产出表整理并计算而得。

进一步地挑选在"一带一路"沿线区域服务贸易量较大的国家与我国服务业进行"一带一路"区域价值链地位指数对比,选取的国家为俄罗斯、印度、土耳其、希腊和波兰,通过比较发现,我国服务业在"一带一路"区域价值链中占据着相对有利的地位。表 4-4 显示,我国服务业 2000 年在"一带一路"区域价值链中的地位指数位居第三,随后由于经历了较长的低落期,2007 年被土耳其和希腊反超,这也是两国在考察期内唯一的一次超越,当时两国的地位指数分别为 -0.019 和 -0.0257,而我国仅为 -0.0301。但当我国渡过困难期后便实现了超越,最终在 2014 年区域价值链地位指数攀升至第二名,仅次于俄罗斯,说明我国服务业在"一带一路"区域价值链中占据了相对主导和支配的地位。俄罗斯服务业在"一带一路"区域价值链中的地位指数虽然始终为正,且高于其他考察国家,但却出现有利的发展地位逐渐消失的迹象,2014 年的地位指数竟不及 2007 年。印度服务业的"一带一路"区域价值链地位指数与我国相近,但在考察期末与印度相比,我国服务业在"一带一路"区域价值链中处于更加上游的位置。波兰服务业出口量虽然较大,但其在"一带一路"区域价值链中的地位指数却一直较低,与我国相差甚远。

表 4-4 中国与"一带一路"沿线主要国家服务业区域价值链地位指数比较

年份	中国	波兰	俄罗斯	土耳其	希腊	印度
2000	0.0202	-0.0295	0.0881	0.0103	-0.0001	0.0519
2007	-0.0301	-0.0759	0.1055	-0.0190	-0.0257	-0.0038
2014	-0.0075	-0.1298	0.0475	-0.0729	-0.0590	-0.0521

数据来源:经 WIOD 数据库 2016 年公布的世界投入产出表整理并计算而得。

4.1.2 现状的原因分析

通过上一章节对我国服务业在"一带一路"区域价值链中发展现状的分析发现,在国际经济发展环境不利的背景下,我国服务业在"一带一路"区域价值链中发展良好,主导和支配地位显著。接下来,将应用王直等人(2015)对双边贸易数据的分解方法,将我国服务业向"一带一路"沿线区域出口的数据分解成如图 2-2 所示的 16 个部分,深入探讨我国服务业在"一带一路"区域价值链中形成此发展现状的成因。从出口总值中各价值增值部分的构成看,我国服务业在参与"一带一路"区域分工时具有以下优势。

第一,国内增加值占比较高,国内增加值广泛参与复杂的跨境流动。从表 4-5 中可以看出,我国出口至"一带一路"沿线国家的服务产品中国内增加值的占比情况各年基本均在 83% 以上,且有不断上涨的趋势,这种发展态势主要是由出口产品中返回并被本国吸收的国内增加值占比稳步提升贡献的,该比例从 2000 年的 0.85% 持续增长至 2014 年的 2.11%。另外,我国服务业出口至"一带一路"沿线区域的产品中返回并被本国吸收的国内增加值占总出口的比重,以及以间接出口的形式包含在中间品中被国外吸收的国内增加值占总出口的比重,两者的占比均高于我国服务业在全球价值链中的发展情况,尤其是后者,历年占比均超过 8%,而这一比例在全球价值链中不足 1%。这说明我国服务业通过"一带一路"沿线各经济体更加广泛而且深入地参与了国际分工。

第二,我国服务业出口产品在形成最终产品以前进行了多次跨越国界的流动。表 4-6 中明确列出在考察期间 VS 中 FDC 的占比历年均大于 10%,显著高于同期在全球价值链中的占比,再次说明我国服务业借助"一带一路"沿线各经济体实现了深度参与国际分工的目标。另外,VS1 中 DDC 的占比虽在个别年份有轻微波动,但总体趋势还是不断上升的,证明我国服务业在面对"一带一路"沿线区域需求市场时国内价值链构建的完善程度逐渐提高,而国内价值链网络的日益成熟又会反过来进一步支撑我国服务业在"一带一路"区域价值链中的发展,形成良性的发展模式。

表 4-5　中国向"一带一路"沿线国家出口服务
产品中国内增加值结构　（单位：亿美元,%）

年份	被国外吸收的国内增加值	最终出口的国内增加值占比	被直接进口国吸收的中间出口占比	被直接进口国生产向第三国出口所吸收的中间出口占比	被国外吸收的国内增加值占总出口的比重	返回并被本国吸收的国内增加值占总出口的比重
2000	305.78	35.94	39.65	11.99	87.58	0.85
2001	352.86	34.22	41.81	12.08	88.11	0.92
2002	448.47	31.20	43.56	12.16	86.92	1.10
2003	469.12	29.25	43.23	12.04	84.52	1.21
2004	545.63	30.27	40.52	11.58	82.37	1.25
2005	601.74	30.44	40.12	11.46	82.03	1.25
2006	821.06	30.75	39.75	11.41	81.91	1.30
2007	1107.05	29.75	41.42	10.67	81.84	1.25
2008	1526.76	31.65	40.88	10.41	82.94	1.30
2009	1450.42	33.08	43.90	9.07	86.05	1.36
2010	1815.08	30.48	43.95	9.42	83.86	1.71
2011	2314.01	30.12	43.37	9.91	83.40	2.03
2012	2577.87	30.28	44.48	9.56	84.31	2.17
2013	2526.07	31.78	44.08	8.86	84.72	2.21
2014	2669.27	32.23	44.98	9.00	86.20	2.11

数据来源：经 WIOD 数据库 2016 年公布的世界投入产出表整理并计算而得。

表 4-6　中国服务业在"一带一路"沿线区域
垂直专业的结构　　　　　（单位:%）

年份	在 VS 中的占比			在 VS1 中的占比		
	FVA_FIN	FVA_INT	FDC	DVA_REX	RDV	DDC
2000	40.58	44.59	14.83	92.55	6.55	0.90
2001	38.38	46.71	14.91	92.04	7.04	0.92
2002	35.38	49.21	15.41	90.57	8.20	1.23
2003	34.03	50.09	15.88	89.36	9.01	1.63
2004	36.09	48.09	15.83	88.42	9.51	2.07
2005	36.42	47.77	15.81	87.99	9.59	2.42
2006	36.80	47.31	15.90	87.28	9.98	2.74
2007	35.64	49.35	15.01	86.78	10.16	3.06
2008	37.41	48.03	14.56	86.26	10.80	2.93
2009	37.73	49.85	12.42	84.79	12.73	2.48
2010	35.47	50.89	13.64	81.86	14.90	3.24
2011	35.09	50.23	14.68	80.20	16.42	3.38
2012	34.84	50.89	14.27	78.65	17.87	3.48
2013	36.39	50.20	13.41	77.21	19.23	3.56
2014	36.34	50.45	13.22	78.37	18.38	3.25

数据来源：经 WIOD 数据库 2016 年公布的世界投入产出表整理并计算而得。

第三，从我国服务业"一带一路"区域价值链地位指数贡献率构成看，国外增加值贡献率虽然仍较大，但间接增加值贡献率与其差距并不大。从表 4-7 中可以看出，2004 年前 IV 贡献率甚至超过 FV 贡献率。虽然在后续的发展过程中 FV 的贡献率实现反超，但近年来其对我国服务业"一带一路"区域价值链地位指数的贡献率逐渐走低，从 2013 年的 55.31% 下降至 2014 年的 52.18%，相反，IV 的贡献率则日益提升。这说明我国服务业正在逐渐通过提升自身产业竞争能力向"一带一路"区域价值链高附加值位置攀升。

表 4-7 中国服务业"一带一路"区域价值链

地位指数贡献率构成 （单位:%）

年份	IV 贡献率	FV 贡献率
2000	55.15	44.85
2001	56.70	43.30
2002	54.89	45.11
2003	50.47	49.53
2004	46.05	53.95
2005	45.34	54.66
2006	45.24	54.76
2007	43.16	56.84
2008	44.15	55.85
2009	45.66	54.34
2010	43.70	56.30
2011	45.07	54.93
2012	45.98	54.02
2013	44.69	55.31
2014	47.82	52.18

数据来源：经 WIOD 数据库 2016 年公布的世界投入产出表整理并计算而得。

4.2 行业层面分析

4.2.1 发展现状分析

从出口总量看，所有行业的出口额均不断增加。通过观察表 4-8 可知，我国服务业全部细分行业在考察期间向"一带一路"区域的出口量均有不同程度的增加，以批发零售业最为突出，在考察年间出口量稳居首位，2000年向沿线国家共出口 179.03 亿美元，2014 年更是增长到 1828.56 亿美元，出口的绝对量远超其他所有行业，并且增速十分明显，2014 年的出口量较 2000 年增长了 1649.53 亿美元，增幅高达 921.37%，年均增长率为 61.42%；其次是交通运输、仓储和邮政业，出口量位居第二，这与"一带一路"沿线国家的需求偏好和我国近年来加大在该区域基础设施建设情况相符合；再次是租赁和商务服务业，信息传输、软件和信息技术服务业，这两个行业总出口量虽与上述行业有较大差距，但发展速度非常可观，2014 年总出口量分别提升至 233.71 亿美元和 148.32 亿美元，出口总额在所有细分行业中位列第三和第四。剩余行业间出口量均较接近，无明显差距。

表 4-8　中国服务业各行业出口至"一带一路"

沿线国家的总额及结构　（单位：亿美元,%）

行业	年份	总出口	最终品出口	中间品出口	最终品占比	中间品占比
1	2000	0.63	0.47	0.16	74.87	25.13
	2005	5.05	1.41	3.64	27.90	72.10
	2010	10.60	2.93	7.68	27.60	72.40
	2014	9.13	6.33	2.81	69.26	30.74
2	2000	0.28	0.07	0.22	24.14	75.86
	2005	0.89	0.34	0.56	37.68	62.32
	2010	1.04	0.65	0.38	63.03	36.97
	2014	9.08	6.23	2.85	68.64	31.36
3	2000	179.03	59.10	119.93	33.01	66.99
	2005	357.96	116.97	240.98	32.68	67.32
	2010	559.52	172.04	387.48	30.75	69.25
	2014	1828.56	635.83	1192.73	34.77	65.23
4	2000	75.05	30.81	44.23	41.06	58.94
	2005	209.45	82.67	126.78	39.47	60.53
	2010	530.91	204.29	326.62	38.48	61.52
	2014	656.38	251.30	405.08	38.29	61.71

续表

行业	年份	总出口	最终品出口	中间品出口	最终品占比	中间品占比
5	2000	8.48	2.59	5.90	30.51	69.49
	2005	25.66	8.23	17.43	32.07	67.93
	2010	77.67	24.96	52.70	32.14	67.86
	2014	80.32	25.53	54.79	31.78	68.22
6.	2000	9.11	3.21	5.89	35.28	64.72
	2005	23.99	8.23	15.76	34.32	65.68
	2010	97.39	28.72	68.67	29.49	70.51
	2014	148.32	52.35	95.97	35.30	64.70
7	2000	0.66	0.22	0.44	33.67	66.33
	2005	4.75	1.53	3.22	32.27	67.73
	2010	34.15	11.00	23.15	32.22	67.78
	2014	69.64	24.70	44.95	35.46	64.54
8	2000	32.04	8.55	23.49	26.68	73.32
	2005	81.57	26.57	55.00	32.57	67.43
	2010	204.09	53.81	150.28	26.37	73.63
	2014	233.71	59.37	174.34	25.40	74.60
9	2000	—	—	—	—	—
	2005	—	—	—	—	—
	2010	0.21	0.07	0.14	33.97	66.03
	2014	0.42	0.14	0.28	32.66	67.34
10	2000	0.95	0.33	0.63	34.41	65.59
	2005	1.95	0.65	1.30	33.30	66.70
	2010	5.43	1.59	3.85	29.21	70.79
	2014	7.02	2.01	5.01	28.67	71.33
11	2000	—	—	—	—	—
	2005	—	—	—	—	—

续表

行业	年份	总出口	最终品出口	中间品出口	最终品占比	中间品占比
11	2010	6.50	1.99	4.51	30.59	69.41
	2014	6.97	2.09	4.88	29.99	70.01
12	2000	43.05	33.96	9.08	78.91	21.09
	2005	22.32	11.94	10.38	53.50	46.50
	2010	41.30	31.41	9.89	76.06	23.94
	2014	47.00	34.75	12.25	73.94	26.06

数据来源：经 WIOD 数据库 2016 年公布的世界投入产出表整理并计算而得。

注：①1 表示农、林、牧、渔专业及辅助性活动；2 表示水利、环境和公共设施管理业；3 表示批发零售；4 表示交通运输、仓储和邮政业；5 表示住宿餐饮；6 表示信息传输、软件和信息技术服务业；7 表示金融业；8 表示租赁和商务服务业；9 表示科学研究；10 表示教育；11 表示卫生和社会工作；12 表示其他。

②表中"—"表示世界投入产出表中该行业无数据。

从出口产品结构看，我国 12 个细分服务行业中 75% 的行业主要是以中间服务品的形式出口，中间品出口额占总出口额的比例大致为 60%，租赁和商务服务业，教育，卫生和社会工作的中间品出口占比甚至高达 70% 以上。进一步对表 4-8 进行整理发现，在目前出口产品结构良好的产业中有近 67% 的行业出口结构还在进一步优化，以中间品形式出口占总出口的比重日益增加。另外，其他行业虽然目前仍然是以出口最终品为主，但其占总出口的比重正在逐年下降，从 2000 年的 78.91% 降至 2014 年的 73.94%。

从参与区域分工的模式看，我国除了农、林、牧、渔专业及辅助性活动，水利、环境和公共设施管理业以及其他行业以后向参与模式为主，其余行业均以前向模式参与"一带一路"区域价值链。从表 4-9 中可以看出，住宿餐饮业始终保持前向参与模式，剩余各行业的前后向垂直专业化指数在经历了反复波动后，最终在 2014 年 VS1 大于 VS，形成了前向参与模式。

表 4-9　中国服务业各行业在"一带一路"沿线区域垂直专业化指数

行业	年份	VS	VS1
1	2000	0. 1145	0. 0542
	2005	0. 1641	0. 1450
	2010	0. 1406	0. 1272
	2014	0. 1132	0. 0548
2	2000	0. 1145	0. 1636
	2005	0. 1641	0. 1253
	2010	0. 1406	0. 0650
	2014	0. 1132	0. 0559
3	2000	0. 1145	0. 1444
	2005	0. 1641	0. 1354
	2010	0. 1406	0. 1171
	2014	0. 1132	0. 1162
4	2000	0. 1145	0. 1271
	2005	0. 1641	0. 1217
	2010	0. 1406	0. 1081
	2014	0. 1132	0. 1099
5	2000	0. 1145	0. 1498
	2005	0. 1641	0. 1366
	2010	0. 1406	0. 1192
	2014	0. 1132	0. 1215
6	2000	0. 1145	0. 1396
	2005	0. 1641	0. 1321
	2010	0. 1406	0. 1239
	2014	0. 1132	0. 1153
7	2000	0. 1145	0. 1430
	2005	0. 1641	0. 1362
	2010	0. 1406	0. 1191
	2014	0. 1132	0. 1150

行业	年份	VS	VS1
8	2000	0.1145	0.1581
	2005	0.1641	0.1356
	2010	0.1406	0.1294
	2014	0.1132	0.1329
9	2000	—	—
	2005	—	—
	2010	0.1406	0.1160
	2014	0.1132	0.1200
10	2000	0.1145	0.1414
	2005	0.1641	0.1341
	2010	0.1406	0.1244
	2014	0.1132	0.1271
11	2000	—	—
	2005	—	—
	2010	0.1406	0.1220
	2014	0.1132	0.1247
12	2000	0.1145	0.0455
	2005	0.1641	0.0935
	2010	0.1406	0.0421
	2014	0.1132	0.0464

数据来源：经 WIOD 数据库 2016 年公布的世界投入产出表整理并计算而得。

注：①1 表示农、林、牧、渔专业及辅助性活动；2 表示水利、环境和公共设施管理业；3 表示批发零售；4 表示交通运输、仓储和邮政业；5 表示住宿餐饮；6 表示信息传输、软件和信息技术服务业；7 表示金融业；8 表示租赁和商务服务业；9 表示科学研究；10 表示教育；11 表示卫生和社会工作；12 表示其他。

②由于服务业各行业考察年间 VS 的差别微小，仅在小数点后第九位开始不同，而本表仅保留小数点后四位数字，所以各行业在考察年间 VS 均相同。

③表中"—"表示世界投入产出表中该行业无数据。

从区域价值链地位指数看，除农、林、牧、渔专业及辅助性活动在"一带一路"区域价值链中的地位指数有所下降以外，其余各行业均逐年提升。通过观察表 4-10 可知，租赁和商务服务业发展最为突出，该行业"一带一路"区域价值链地位指数居于我国各细分行业之首，2014 年为 0.0075。另外，在考察期末"一带一路"区域价值链地位指数提升至正值的行业还有教育以及卫生和社会工作，2014 年这两个行业的区域价值链地位指数分别为 0.0027 和 0.0008，仅次于租赁和商务服务业，成为在"一带一路"区域价值链中占据相对有利地位的行业。

表 4-10　中国服务业各行业在"一带一路"区域价值链中的地位

行　　业	年份	中国
农、林、牧、渔专业及辅助性活动	2000	-0.0531
	2005	-0.0067
	2010	-0.0137
	2014	-0.0588
水利、环境和公共设施管理业	2000	0.0520
	2005	-0.0256
	2010	-0.0702
	2014	-0.0578
批发零售	2000	0.0342
	2005	-0.0159
	2010	-0.0227
	2014	-0.0064
交通运输、仓储和邮政业	2000	0.0178
	2005	-0.0291
	2010	-0.0308
	2014	-0.0116

行　　业	年份	中国
住宿餐饮	2000	0.0392
	2005	−0.0148
	2010	−0.0208
	2014	−0.0019
信息传输、软件和信息技术服务业	2000	0.0296
	2005	−0.0191
	2010	−0.0167
	2014	−0.0071
金融业	2000	0.0328
	2005	−0.0151
	2010	−0.0209
	2014	−0.0074
租赁和商务服务业	2000	0.0469
	2005	−0.0157
	2010	−0.0118
	2014	0.0075
科学研究	2000	—
	2005	—
	2010	−0.0237
	2014	−0.0032
教育	2000	0.0314
	2005	−0.0171
	2010	−0.0162
	2014	0.0027
卫生和社会工作	2000	—
	2005	—

续表

行　　业	年份	中国
卫生和社会工作	2010	-0.0184
	2014	0.0008
其他	2000	-0.0618
	2005	-0.0567
	2010	-0.0915
	2014	-0.0660

　　数据来源：经 WIOD 数据库 2016 年公布的世界投入产出表整理并计算而得。

　　注：表中"—"表示世界投入产出表中该行业无数据。

　　进一步将我国服务业"一带一路"区域价值链地位指数与上文选取的沿线主要服务贸易大国进行对比，表 4-11 显示了对比结果，通过观察发现，我国的租赁和商务服务业，农、林、牧、渔专业及辅助性活动在"一带一路"区域价值链中占据相对主导和支配的地位。前者的地位指数在"一带一路"区域价值链中攀升效果最佳，2014 年我国一跃成为所考察国家中租赁和商务服务业地位指数最高的国家，区域价值链地位指数为 0.0075，而同时期的俄罗斯、波兰、土耳其、希腊和印度在该行业的区域价值链地位指数分别为 -0.0032、-0.1137、-0.0802、-0.0464 和 -0.0261。在农、林、牧、渔专业及辅助性活动行业方面，除了俄罗斯在该行业没有数据无法进行比较外，波兰、土耳其、希腊和印度在该行业 2014 年区域价值链地位指数分别为 -0.1149、-0.16、-0.0869 和 -0.0992，而同期的我国是 -0.0588。这一结论虽然与上述我国在该行业的发展现状分析相矛盾，但主要与所选的"一带一路"服务贸易大国——俄罗斯、印度、波兰、土耳其和希腊在农、林、牧、渔专业及辅助性活动行业领域均发展滞后有关。因此，与这些国家相比，我国在该领域的发展较为突出。其余各细分行业我国近年来的地位指数均稳居第二位，并逐渐缩小与首位国家之间的差距。

表 4-11　中国与"一带一路"沿线主要国家服务业各行业区域价值链地位指数比较

行业	国别	年份			
		2000	2005	2010	2014
1	中国	−0.0531	−0.0067	−0.0137	−0.0588
	俄罗斯	—	—	—	—
	波兰	−0.0224	−0.0549	−0.0782	−0.1149
	土耳其	−0.0789	−0.1139	−0.0878	−0.1600
	希腊	0.0061	−0.0682	−0.0763	−0.0869
	印度	−0.0568	−0.0411	−0.0961	−0.0992
2	中国	0.0520	−0.0256	−0.0702	−0.0578
	俄罗斯	—	—	—	—
	波兰	0.0155	0.0077	−0.0616	−0.0948
	土耳其	−0.0363	−0.0670	−0.0700	−0.0900
	希腊	0.0198	0.0540	−0.0104	−0.0124
	印度	—	—	—	—
3	中国	0.0342	−0.0159	−0.0227	−0.0064
	俄罗斯	0.0909	0.1004	0.0724	0.0482
	波兰	−0.0287	−0.0566	−0.1122	−0.1381
	土耳其	0.0072	−0.0198	−0.0353	−0.0700
	希腊	0.0107	0.0163	−0.0221	−0.0443
	印度	0.0426	0.0132	−0.0259	−0.0306
4	中国	0.0178	−0.0291	−0.0308	−0.0116
	俄罗斯	0.0874	0.1036	0.0764	0.0472
	波兰	−0.0388	−0.0537	−0.1004	−0.1223
	土耳其	0.0144	−0.0112	−0.0295	−0.0655
	希腊	−0.0077	−0.0053	−0.0349	−0.0669
	印度	0.0429	0.0073	−0.0191	−0.0224
5	中国	0.0392	−0.0148	−0.0208	−0.0019
	俄罗斯	0.0391	0.0404	0.0347	0.0100

续表

行业	国别	年 份			
		2000	2005	2010	2014
5	波兰	−0.0484	−0.0872	−0.1279	−0.1516
	土耳其	0.0105	−0.0172	−0.0378	−0.0879
	希腊	−0.0173	0.0168	−0.0261	−0.0584
	印度	—	—	—	—
6	中国	0.0296	−0.0191	−0.0167	−0.0071
	俄罗斯	0.0356	0.0436	0.0352	0.0101
	波兰	−0.0327	−0.0441	−0.0955	−0.1296
	土耳其	0.0101	−0.0139	−0.0417	−0.0896
	希腊	0.0071	0.0167	−0.0233	−0.0612
	印度	0.0626	0.0018	−0.0254	−0.0839
7	中国	0.0328	−0.0151	−0.0209	−0.0074
	俄罗斯	0.0331	0.0521	0.0409	0.0079
	波兰	−0.0281	−0.0455	−0.0992	−0.1250
	土耳其	0.0170	−0.0102	−0.0432	−0.0747
	希腊	0.0251	0.0176	−0.0200	−0.0587
	印度	0.0368	0.0139	−0.0239	−0.0325
8	中国	0.0469	−0.0157	−0.0118	0.0075
	俄罗斯	0.0295	0.0483	0.0294	−0.0032
	波兰	−0.0235	−0.0175	−0.0842	−0.1137
	土耳其	0.0321	−0.0701	−0.0675	−0.0802
	希腊	0.0414	0.0381	−0.0088	−0.0464
	印度	0.0435	0.0010	−0.0232	−0.0261
9	中国	—	—	−0.0237	−0.0032
	俄罗斯	—	—	—	—
	波兰	−0.0099	−0.0194	−0.0654	−0.0979
	土耳其	0.0230	−0.0104	−0.0181	−0.0515

行业	国别	年 份			
		2000	2005	2010	2014
9	希腊	0.0361	0.0413	0.0129	−0.0249
	印度	0.1098	0.0820	0.0290	0.0193
10	中国	0.0314	−0.017	−0.0162	0.0027
	俄罗斯	0.0359	0.0497	0.0425	0.0163
	波兰	−0.0128	−0.0426	−0.0964	−0.1249
	土耳其	0.0108	−0.0378	−0.0593	−0.1097
	希腊	0.0035	0.0138	−0.0224	−0.0556
	印度	—	—	—	—
11	中国			−0.0184	0.0008
	俄罗斯	0.0399	0.0505	0.0387	0.0133
	波兰	−0.0198	−0.0503	−0.0827	−0.1232
	土耳其	−0.0587	−0.0887	−0.0381	−0.0615
	希腊	0.0044	0.0178	−0.0245	−0.0541
	印度	—	—	—	—
12	中国	−0.0618	−0.0567	−0.0915	−0.0660
	俄罗斯	−0.0794	−0.0906	0.0095	0.0132
	波兰	−0.0243	−0.0221	−0.0957	−0.1283
	土耳其	−0.1164	−0.1159	−0.1152	−0.1323
	希腊	−0.0545	−0.0334	−0.0577	−0.0708
	印度	−0.0724	−0.1223	−0.1308	−0.1214

数据来源：经 WIOD 数据库 2016 年公布的投入产出表整理并计算而得。

注：①1 表示农、林、牧、渔专业及辅助性活动；2 表示水利、环境和公共设施管理业；3 表示批发零售；4 表示交通运输、仓储和邮政业；5 表示住宿餐饮；6 表示信息传输、软件和信息技术服务业；7 表示金融业；8 表示租赁和商务服务业；9 表示科学研究；10 表示教育；11 表示卫生和社会工作；12 表示其他。

②表中"—"表示世界投入产出表中该行业无数据。

4.2.2 现状的原因分析

从国内增加值角度看，我国服务业各行业在"一带一路"区域价值链中的发展情况与服务业总体相似，各行业间发展较均衡，没有相对突出的行业。从表 4-12 中可以看出，我国服务业所有细分行业出口中包含的国内增加值占比基本均高于 85%，且大部分行业这一比例近年来不断提升。另外，我国服务业各行业在向"一带一路"沿线区域出口产品时，返回并被本国吸收的国内增加值占总出口的比重以及被国外吸收的国内增加值占总出口的比重均比同期在全球价值链中的发展情况更加乐观，说明我国服务业全部行业均通过"一带一路"沿线经济体深入地参与了国际分工。

表 4-12　中国服务业各行业向"一带一路"沿线国家

出口产品中国内增加值结构　（单位：亿美元，%）

行业	年份	被国外吸收的国内增加值	最终出口的国内增加值占比	被直接进口国吸收的中间出口占比	被直接进口国生产向第三国出口所吸收的中间出口占比	返回并被本国吸收的国内增加值	被国外吸收的国内增加值占总出口的比重	返回并被本国吸收的国内增加值占总出口的比重
1	2000	0.56	75.50	18.81	5.69	0.22	88.14	0.35
	2005	4.13	29.83	54.58	15.59	7.02	81.85	1.39
	2010	8.87	29.46	58.09	12.45	20.09	83.64	1.90
	2014	7.99	70.58	24.51	4.90	9.19	87.50	1.01
2	2000	0.25	25.34	57.32	17.34	0.30	87.33	1.07
	2005	0.73	39.53	47.04	13.43	1.07	82.09	1.20
	2010	0.88	64.46	29.27	6.27	1.00	84.77	0.97
	2014	7.94	69.98	25.01	5.00	9.32	87.48	1.03
3	2000	156.6	34.18	50.53	15.28	169.29	87.47	0.95
	2005	293.40	34.58	50.89	14.53	464.95	81.96	1.30
	2010	968.29	35.21	53.36	11.44	2015.35	83.82	1.74
	2014	1575.7	36.61	52.82	10.57	3904.80	86.17	2.14

行业	年份	被国外吸收的国内增加值	最终出口的国内增加值占比	被直接进口国吸收的中间出口占比	被直接进口国生产向第三国出口所吸收的中间出口占比	返回并被本国吸收的国内增加值	被国外吸收的国内增加值占总出口的比重	返回并被本国吸收的国内增加值占总出口的比重
4	2000	65.74	42.17	44.40	13.43	62.44	87.60	0.83
	2005	172.02	41.29	45.67	13.04	244.61	82.13	1.17
	2010	445.88	40.31	49.16	10.54	855.01	83.98	1.61
	2014	566.50	40.12	49.90	9.98	1326.17	86.31	2.02
5	2000	7.42	31.69	52.45	15.86	8.32	87.43	0.98
	2005	21.03	33.97	51.36	14.67	33.63	81.95	1.31
	2010	65.07	34.00	54.35	11.65	137.97	83.78	1.78
	2014	69.12	33.62	55.32	11.07	179.38	86.06	2.23
6	2000	7.97	36.44	48.80	14.76	8.32	87.51	0.91
	2005	19.67	36.20	49.63	14.17	30.40	82.00	1.27
	2010	81.51	31.35	56.53	12.12	179.75	83.70	1.85
	2014	127.84	37.14	52.38	10.48	314.18	86.19	2.12
7	2000	0.58	34.84	50.03	15.13	0.62	87.48	0.94
	2005	3.90	34.17	51.21	14.63	6.21	81.95	1.31
	2010	28.61	34.08	54.29	11.64	60.59	83.78	1.77
	2014	60.03	37.30	52.24	10.45	147.15	86.20	2.11
8	2000	28.00	27.88	55.37	16.75	33.16	87.37	1.03
	2005	66.85	34.47	50.97	14.56	106.11	81.96	1.30
	2010	170.61	28.22	59.11	12.67	393.39	83.60	1.93
	2014	200.55	27.20	60.66	12.14	570.76	85.81	2.44

续表

行业	年份	被国外吸收的国内增加值	最终出口的国内增加值占比	被直接进口国吸收的中间出口占比	被直接进口国生产向第三国出口所吸收的中间出口占比	返回并被本国吸收的国内增加值	被国外吸收的国内增加值占总出口的比重	返回并被本国吸收的国内增加值占总出口的比重
9	2000	—	—	—	—	—	—	—
	2005	—	—	—	—	—	—	—
	2010	0.18	35.82	52.85	11.33	0.37	83.84	1.73
	2014	0.36	34.50	54.58	10.92	0.93	86.09	2.20
10	2000	0.83	35.57	49.47	14.96	0.88	87.49	0.93
	2005	1.60	35.19	50.41	14.40	2.51	81.98	1.29
	2010	4.55	31.06	56.77	12.17	10.07	83.69	1.85
	2014	6.03	30.49	57.92	11.59	16.40	85.94	2.34
11	2000	—	—	—	—	—	—	—
	2005	—	—	—	—	—	—	—
	2010	5.45	32.45	55.62	11.92	11.82	83.73	1.82
	2014	6.00	31.82	56.81	11.37	15.98	85.99	2.29
12	2000	37.97	79.45	15.78	4.77	12.82	88.21	0.30
	2005	18.41	55.08	34.94	9.98	20.02	82.47	0.90
	2010	35.18	77.09	18.86	4.04	25.89	85.18	0.63
	2014	41.21	75.11	20.74	4.15	40.10	87.68	0.85

数据来源：经 WIOD 数据库 2016 年公布的世界投入产出表整理并计算而得。

注：①1 表示农、林、牧、渔专业及辅助性活动；2 表示水利、环境和公共设施管理业；3 表示批发零售；4 表示交通运输、仓储和邮政业；5 表示住宿餐饮；6 表示信息传输、软件和信息技术服务业；7 表示金融业；8 表示租赁和商务服务业；9 表示科学研究；10 表示教育；11 表示卫生和社会工作；12 表示其他。

②表中"—"表示世界投入产出表中该行业无数据。

从后向垂直专业化指数构成看，除了农、林、牧、渔专业及辅助性活动，水利、环境和公共设施管理业，其他行业以外，服务业大部分细分行业 VS 中 FVA_INT 一直大于 FVA_FIN 和 FDC。表 4-13 详细描述了后向垂直专业化指数的构成情况，通过进一步观察还发现，我国服务业所有细分行业在"一带一路"区域价值链中 FDC 在 VS 指标中的比重均高于同期在全球价值链中的占比，特别是租赁和商务服务业，2014 年该比例高达 15.3%，高于其他所有细分行业。从前向专业化指数构成看，我国服务业各行业的发展情况与服务业整体相类似，并无发展突出行业，均是以间接增加值出口的方式主导和控制"一带一路"区域价值链，并且各服务行业完善的国内价值链网络与"一带一路"区域价值链形成良性发展模式。

表 4-13　中国服务业各行业在"一带一路"
沿线区域垂直专业的结构　　　　（单位:%）

行业	年份	在 VS 中的占比			在 VS1 中的占比		
		FVA_FIN	FVA_INT	FDC	DVA_REX	RDV	DDC
1	2000	75.15	18.65	6.20	92.55	6.55	0.90
	2005	29.21	53.19	17.60	87.99	9.59	2.42
	2010	28.67	56.25	15.08	81.86	14.90	3.24
	2014	69.64	24.06	6.30	78.37	18.38	3.25
2	2000	24.99	56.29	18.72	92.55	6.55	0.90
	2005	38.81	45.97	15.21	87.99	9.59	2.42
	2010	63.58	28.72	7.70	81.86	14.90	3.2
	2014	69.03	24.54	6.43	78.37	18.38	3.25
3	2000	33.77	49.70	16.53	92.55	6.55	0.90
	2005	33.90	49.66	16.44	87.99	9.59	2.42
	2010	34.34	51.78	13.88	81.86	14.90	3.24
	2014	35.58	51.05	13.37	78.37	18.38	3.25

续表

行业	年份	在 VS 中的占比			在 VS1 中的占比		
		FVA_FIN	FVA_INT	FDC	DVA_REX	RDV	DDC
4	2000	41.72	43.74	14.54	92.55	6.55	0.90
	2005	40.57	44.65	14.78	87.99	9.59	2.42
	2010	39.39	47.80	12.81	81.86	14.90	3.24
	2014	39.05	48.30	12.65	78.37	18.38	3.25
5	2000	31.29	51.56	17.15	92.55	6.55	0.90
	2005	33.31	50.11	16.58	87.99	9.59	2.42
	2010	33.14	52.72	14.14	81.86	14.90	3.24
	2014	32.62	53.39	13.99	78.37	18.38	3.25
6	2000	36.01	48.02	15.97	92.55	6.55	0.90
	2005	35.51	48.45	16.04	87.99	9.59	2.42
	2010	30.53	54.78	14.69	81.86	14.90	3.24
	2014	36.09	50.64	13.27	78.37	18.38	3.25
7	2000	34.42	49.22	16.37	92.55	6.55	0.90
	2005	33.50	49.97	16.54	87.99	9.59	2.42
	2010	33.22	52.66	14.12	81.86	14.90	3.24
	2014	36.26	50.51	13.23	78.37	18.38	3.25
8	2000	27.51	54.40	18.09	92.55	6.55	0.90
	2005	33.80	49.74	16.46	87.99	9.59	2.42
	2010	27.45	57.21	15.34	81.86	14.90	3.24
	2014	26.32	58.38	15.30	78.37	18.38	3.25
9	2000	—	—	—	—	—	—
	2005	—	—	—	—	—	—
	2010	34.94	51.31	13.75	81.86	14.90	3.24
	2014	33.49	52.70	13.81	78.37	18.38	3.25

行业	年份	在 VS 中的占比			在 VS1 中的占比		
		FVA_FIN	FVA_INT	FDC	DVA_REX	RDV	DDC
10	2000	35.15	48.67	16.18	92.55	6.55	0.90
	2005	34.51	49.20	16.28	87.99	9.59	2.42
	2010	30.25	55.01	14.75	81.86	14.90	3.24
	2014	29.55	55.83	14.63	78.37	18.38	3.25
11	2000	—	—	—	—	—	—
	2005	—	—	—	—	—	—
	2010	31.62	53.93	14.46	81.86	14.90	3.24
	2014	30.85	54.79	14.35	78.37	18.38	3.25
12	2000	79.14	15.65	5.20	92.55	6.55	0.90
	2005	54.34	34.30	11.35	87.99	9.59	2.42
	2010	76.41	18.60	4.99	81.86	14.90	3.24
	2014	74.26	20.40	5.34	78.37	18.38	3.25

数据来源：经 WIOD 数据库 2016 年公布的世界投入产出表整理并计算而得。

注：①1 表示农、林、牧、渔专业及辅助性活动；2 表示水利、环境和公共设施管理业；3 表示批发零售；4 表示交通运输、仓储和邮政业；5 表示住宿餐饮；6 表示信息传输、软件和信息技术服务业；7 表示金融业；8 表示租赁和商务服务业；9 表示科学研究；10 表示教育；11 表示卫生和社会工作；12 表示其他。

②由于服务业各行业考察年间 DVA_REX、RDV 和 DDC 的不同差别微小，仅在小数点后第九位开始不同，而本表仅保留小数点后两位数字，所以各行业在考察年间上述指标的数据均相同。

③表中"—"表示世界投入产出表中该行业无数据。

从区域价值链地位指数各部分贡献率看，我国大部分服务行业 FV 对"一带一路"区域价值链地位指数的贡献均高于 IV，但两者之间差距不大，甚至有个别行业后者的贡献程度大于前者。从表 4-14 中可以看出，租赁和商务服务，教育，卫生和社会工作的"一带一路"区域价值链地位指数的形成 IV 贡献最大, 2014 年 IV 贡献率分别为 52.07、50.76 和 50.21。另外, 除了农、林、牧、渔专业及辅助性活动以外, 剩余各服务行业的 IV 贡献率近年发展均呈现增长态势, 其中科学研究行业 IV 贡献率增长最快, 从 2010 年的 43.93% 增长至 2014 年的 49.08%, 提升了近 6%。

表 4-14 中国服务业各行业"一带一路"区域

价值链地位指数贡献率构成　　　（单位：%）

行　　业	年份	IV 贡献率	FV 贡献率
农、林、牧、渔专业及辅助性活动	2000	31.83	68.17
	2005	48.55	51.45
	2010	46.59	53.41
	2014	28.81	71.19
水利、环境和公共设施管理业	2000	61.93	38.07
	2005	44.22	55.78
	2010	29.07	70.93
	2014	29.25	70.75
批发零售	2000	58.31	41.69
	2005	46.49	53.51
	2010	44.19	55.81
	2014	48.16	51.84
交通运输、仓储和邮政业	2000	54.58	45.42
	2005	43.37	56.63
	2010	41.93	58.07
	2014	46.57	53.43
住宿餐饮	2000	59.37	40.63
	2005	46.76	53.24
	2010	44.71	55.29
	2014	49.46	50.54

续表

行 业	年份	IV 贡献率	FV 贡献率
信息传输、软件和信息技术服务业	2000	57.30	42.70
	2005	45.76	54.24
	2010	45.82	54.18
	2014	47.93	52.07
金融业	2000	58.02	41.98
	2005	46.67	53.33
	2010	44.68	55.32
	2014	47.85	52.15
租赁和商务服务业	2000	60.93	39.07
	2005	46.54	53.46
	2010	47.09	52.91
	2014	52.07	47.93
科学研究	2000	—	—
	2005	—	—
	2010	43.93	56.07
	2014	49.08	50.92
教育	2000	57.69	42.31
	2005	46.21	53.79
	2010	45.94	54.06
	2014	50.76	49.24
卫生和社会工作	2000	—	—
	2005	—	—
	2010	45.36	54.64
	2014	50.21	49.79

行　　业	年份	Ⅳ 贡献率	FV 贡献率
其他	2000	27.94	72.06
	2005	36.13	63.87
	2010	20.50	79.50
	2014	25.36	74.64

数据来源：经 WIOD 数据库 2016 年公布的世界投入产出表整理并计算而得。

注：表中"—"表示世界投入产出表中该行业无数据。

4.3　发展前景分析

4.3.1　"一带一路"沿线国家经济发展规划及市场

从"一带一路"沿线国家的经济发展状况看，呈现出贫富两极分化严重的现象。能源资源富裕的国家通过出口能源资源实现了经济的高速增长，但却面临经济发展模式单一的困境，极易受国际市场价格变动的影响。经济发展过度依赖外部环境，加剧了经济波动，如沙特阿拉伯、科威特、伊朗等。这些国家为了调整产业结构，稳定经济，摆脱外部环境的限制，正在着重培育和发展新的经济增长点，致力于实现各产业的协调发展。而资源稀缺或缺乏工业基础的低收入和极度贫困国家，投资贸易环境极为恶劣。因此，这部分国家为了刺激经济增长，积极构建基本的发展条件，完善基础设施、培育科技人才等就属于未来经济发展中重要的组成部分。由此可见，"一带一路"沿线各经济体为平衡产业发展结构、刺激经济增长，对于服务领域的需求较为强烈，这同我国在该地域内发展服务业的意向相契合。

从沿线国家市场空间看，"一带一路"倡议涉及范围广阔，既包括西欧、日、韩等发达国家与中亚、东欧等原苏东国家，也包括南亚、西亚、非洲等第三世界国家，服务贸易市场巨大。根据世界贸易组织公布的 2017 年全球服务贸易进出口总额数据名单显示，2017 年世界服务贸易进出口总额前五位的国家分别为美国、中国、德国、英国和法国，服务贸易进出口总额分别为 13189.85 亿美元、6956.79 亿美元、6277.05 亿美元、5656.33 亿美元和 4899.46 亿美元。[①] 其中除美国外的其余 4 个国家均是"一带一路"区域范围内的国家，可见我国服务业在"一带一路"沿线区域拥有巨大的需求市场。

4.3.2 良好的发展基础

自"一带一路"倡议提出以来，参与"一带一路"倡议的国家和国际组织多达 100 个，其中同我国签署合作协议的有 40 多个。[②] 有数据显示，我国已与 30 个"一带一路"参与国签署经贸合作协议，11 个沿线国家签署并实施了自贸协定，[③] 如中国和东盟自贸协定、中国和巴基斯坦自贸协定、中国和新加坡自贸协定等。同时，我国还积极推动区域全面经济伙伴关系协定（RCEP）等区域合作协定谈判。在多方面共同努力下，我国的基础设施、金融、文化、教育、科技、旅游、卫生健康等多个领域已在"一带一路"沿线区域均有突出发展。

另外，我国政府以向"一带一路"提供政府奖学金的形式鼓励文化与教育跨国界交流，个别省份还专门设立了丝绸之路专项奖学金。我国还通过物资和资金援助的方式切实助力"一带一路"沿线国家发展，如向"一带一路"沿线发展中经济体提供紧急粮食援助、向南南合作援助基金增资、向开展惠及"一带一路"参与国的国际合作项目的有关国际组织提供资金支持等。签署合作协议、物资以及资金援助不仅为我国服务业在"一带一路"区域发展开辟了道路，而且在沿线各经济体间为我国树立了良好的大国形象，进而使产业得以在该地域深化发展。

---

① http：//data. wto. org/.

② http：//www. xinhuanet. com/world/2018-09/07/c_129949376. htm.

③ http：//fta. mofcom. gov. cn/article/fzdongtai/201705/34917_1. html.

4.3.3 贸易互补性强

我国服务业若想在"一带一路"区域价值链中实现持久的良性发展，前提是我国与"一带一路"沿线各经济体在服务领域的发展需要具备一定的融合性。贸易互补性指数是很好的衡量指标，该指数是国家出口与国家进口之间的贸易互补指数，可以量化地测度两国之间贸易的竞争和互补强度。本书在显性比较优势指数基础上构建贸易互补性指数（TCI），计算公式为：

$$TCI_{ij}^r = RCA_{ir}^x \cdot RCA_{jr}^m \qquad (4-1)$$

其中，RCA_{ir}^x 代表 i 国 r 类产品出口的显示性比较优势，计算公式如上文介绍的式（2-36）。RCA_{jr}^m 代表 j 国 r 类产品进口的比较劣势，计算公式为：

$$RCA_{jr}^m = \frac{M_{jr}}{M_j} \bigg/ \frac{M_{wr}}{M_w} \qquad (4-2)$$

其中，M_{jr} 和 M_j 分别为 j 国 r 类产品的进口额和总进口额，M_{wr} 和 M_w 分别为"一带一路"倡议范围内所有国家 r 类产品进口额和总进口额。[①]TCI_{ij}^r 的数值越大，说明 i 国出口的 r 类产品正是 j 国需要大量进口的，那么两国在 r 类产品的互补性越强。

利用 WIOD 数据库 2016 年公布的世界投入产出表中的数据进行计算可知，当我国是出口国，"一带一路"沿线国家为进口国时，双边贸易互补性指数如图 4-2 所示，可以看出，我国在批发零售业，租赁和商务服务业，交通运输、仓储和邮政业，信息传输、软件和信息技术服务业与"一带一路"沿线国家具有较高的贸易互补性，沿线国家对这些行业的需求较强地依赖我国出口。其中租赁和商务服务业互补性峰值出现在 2005 年，达到 3.8016，虽随后出现大幅下降，但截至 2014 年，仍为互补性较强的第二大行业，仅次于批发零售业。批发零售业的互补性指数在考察年间没有出现

---

① 张鑫. 中俄木质林产品贸易显性比较优势及其互补性分析 —— 基于 UN Comtrade 数据库 1996—2015 年的数据[J]. 世界农业，2017（10）：117.

过大的波动，历年基本在 2~2.5 变动。与批发零售业变动趋势相类似，交通运输、仓储和邮政业的贸易互补性指数在研究期内均在 1.5 上下浮动。而以上 4 个贸易互补性指数突出的行业中唯有信息传输、软件和信息技术服务业在大多数年份中指数是呈现上升态势的，中途虽有两次下降，但仍从 2000 年的 0.9451 上升至 2014 年的 1.1777。

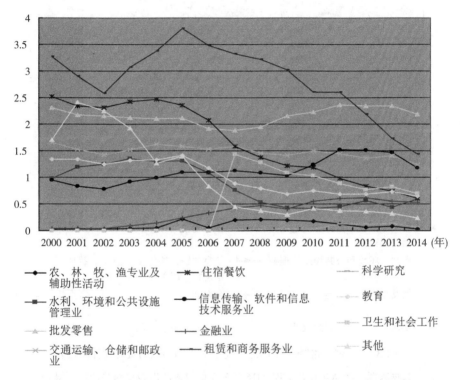

图 4-2　中国服务业各行业与"一带一路"沿线国家的贸易互补性指数

数据来源：经 WIOD 数据库 2016 年公布的世界投入产出表整理并计算而得。

当我国是进口国，"一带一路"沿线国家为出口国时，双边贸易互补性指数如图 4-3 所示。从中可以看出，"一带一路"沿线国家在农、林、牧、渔专业及辅助性活动，其他行业，教育，卫生和社会工作，水利、环境和公共设施管理业，科学研究，住宿餐饮业出口的产品刚好满足我国在该领域的进口需求，具有较强的贸易互补性。其中，以在农、林、牧、渔专业

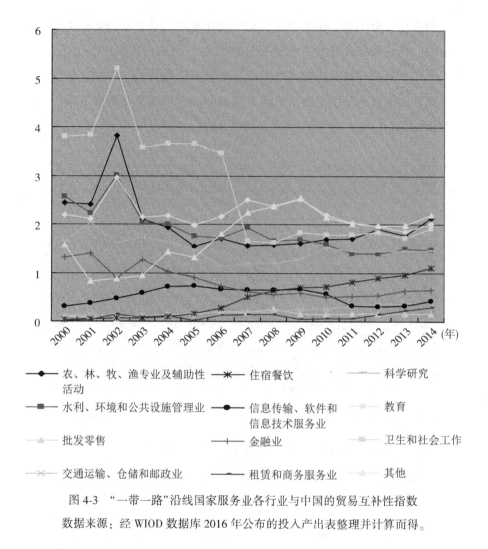

图 4-3　"一带一路"沿线国家服务业各行业与中国的贸易互补性指数

数据来源：经 WIOD 数据库 2016 年公布的投入产出表整理并计算而得。

及辅助性活动，其他行业，教育，卫生和社会工作等领域的贸易互补性最
为突出。以农、林、牧、渔专业及辅助性活动行业为例，在考察年间贸易
互补性指数的峰值出现在 2002 年，为 3.8246，随后虽经历了大幅下滑，
但 2014 年仍逐渐攀升至 2.1245。其他行业，教育，卫生和社会工作 2014
年贸易互补性指数与农、林、牧、渔专业及辅助性活动行业相当，其中，
其他行业的贸易互补性指数攀升最快，从 2000 年的 1.5728 上升至 2014 年

的 2. 1922，成为所有服务行业中贸易互补性最强的行业。水利、环境和公共设施管理业以及科学研究业的贸易互补性指数历年均在 1 以上。另外，住宿餐饮业的贸易互补性指数通过一路攀升，2014 年也达到 1. 1073。

通过上述对贸易互补性的分析可以看出，无论是我国作为出口方，还是"一带一路"沿线国家作为出口方，双方均各自在不同的领域与对方存在较强的贸易互补性，出口的产品完美地契合了进口国的需求，并且双方在互补性较强的领域并没有出现重合的现象，在互为进出口方时，形成强烈互补性的行业几乎覆盖了整个服务业，这无疑证明了我国与"一带一路"沿线国家在服务贸易领域的竞争性小于互补性，贸易潜力巨大。

4.3.4 其他行业的辅助

我国服务业若要在"一带一路"区域市场实现发展壮大、占有一席之地，首先要解决的便是资金的问题。企业的建立、业务的扩展以及投资均需要大量的资金注入，自有资本和融资能力直接决定了企业的壮大进度和进步空间。亚洲基础设施投资银行的成立和运营是金融行业辅助我国服务业在"一带一路"区域价值链中深化发展的典型。亚洲基础设施投资银行是一个政府间性质的亚洲区域多边开发机构，重点支持领域为基础设施建设，以促进亚洲区域的建设互联互通化和经济一体化进程，加强我国及其他亚洲国家和地区的合作为宗旨，是首个由我国倡议设立的多边金融机构。截至 2018 年 12 月 19 日，亚洲基础设施投资银行已有 93 个正式成员国。[①] 亚洲基础设施投资银行具备以下职能：第一，鼓励并推动投资活动在"一带一路"区域内展开，特别是私营资本投资以及在基础设施和其他生产性领域的投资，并在私营资本无法以合理条件获取融资时，对私营投资进行补充；第二，利用其可支配资金为能促进"一带一路"区域经济发展的项目提供融资支持；第三，为强化以上职能开展其他活动和提供其他服务。我国主导建立的亚洲基础设施投资银行不仅可以充分反映和满足本国

---

① https：//www. aiib. org/en/index. html.

利益,拥有一定的话语权,而且其支持的发展领域也与我国在"一带一路"沿线发展服务贸易的需求相契合。

另外,由中国外汇储备、中国投资有限责任公司、中国进出口银行以及国家开发银行共同出资 400 亿美元于 2014 年 12 月 29 日在北京注册成立丝路基金有限责任公司(以下简称"丝路基金"),并正式开始运行。丝路基金是依照《中华人民共和国公司法》,按照市场化、国际化、专业化原则设立的中长期开发投资基金,重点是在"一带一路"发展进程中寻找投资机会,并提供相应的投融资服务。

在人民币升值和我国劳动力成本日益提升的双重压力下,我国服务贸易出口的竞争力不断被削弱,需要大量资金注入,加速服务业向更高更深层次发展。因此,充足的资金供给必然是我国服务贸易快速发展的基础和动力源泉,而亚洲基础设施投资银行和丝路基金的建成运营,为我国与"一带一路"沿线国家发展服务贸易提供了资金储备,从金融方面解决了我国服务业向"一带一路"价值链高端攀升的后顾之忧。

除了金融领域的支持以外,交通运输领域也为我国服务业在"一带一路"沿线区域发展创造条件。我国致力于在"一带一路"沿线国家优先部署铁路、公路项目,如亚欧大陆桥、中老铁路、蒙内铁路、亚的斯亚贝巴-吉布提铁路、匈塞铁路、中泰铁路、马来西亚南部铁路、尼日利亚阿卡铁路、中欧班列等,我国的"铁道之路"正在向"一带一路"沿线各国和各地区有条不紊地拓展。

以中欧班列为例,自 2011 年 3 月 19 日首列中欧班列——"渝新欧班列"试运行以来,货运班列的线路和数量均呈现爆炸式增长,辐射范围逐步扩展。据统计,中欧班列第 1 列~第 500 列历时 4 年,第 501 列~第 1000 列历时 7 个多月,第 1001 列~第 1500 列历时 5 个月。[1] 根据国家发改委公布的"一带一路"建设成果可知,截至 2018 年底,中欧班列累计开行数量

---

① 唐克军,石伯宇. 精心打造中欧班列经营服务平台[J]. 大陆桥视野,2018(1):90-104.

为 1.3 万列,中国境内已开行中欧班列的城市高达 35 个,通达境外 15 个
国家 49 个城市。① 根据《中欧班列建设发展规划(2016—2020)》,至 2020
年中欧班列将增加到 5000 列。以丝路班列为代表的物流网络体系建设释放
了我国与"一带一路"沿线各国之间物流和贸易通道的潜能,对我国服务业
在"一带一路"沿线区域的发展起着带动和支撑效应。丝路班列具有运距
长、频次高以及运力适中的特点,使其逐渐成为我国与"一带一路"沿线各
国之间往来服务产品重要的贸易运输方式。并且随着丝路班列的不断扩展
和完善,国际铁路合作将直接为我国交通运输服务业的发展创造机遇。

除此之外,中国高铁、轻轨也正在加紧"走出去"步伐。印尼雅万高铁
已经签署了商务合同,即将开工建设,这是中国高铁首次全系统、全要
素、全产业链地走出国门,也是中国高铁标准"走出去"的第一单。还有莫
斯科—喀山高铁,该项目的勘察设计已经顺利完成。轻轨方面,在越南由
中方承担建设的吉灵—河东城首条城市轻轨项目已完成基本主体工程建设
部分,开辟了越南交通运输领域的新方式。我国企业还承担了马来西亚吉
隆坡轻轨项目和吉隆坡市中心快速轨道交通工程。铁路、公路等陆续的建
成运营,极大地降低了运输成本,促进了我国服务业在"一带一路"区域内
产业分工的发展。

4.4 本章小结

通过对我国服务业及其各细分行业在"一带一路"区域价值链发展现状
进行分析发现,在"一带一路"区域内我国服务业不仅出口总量逐年增加,
而且出口产品结构持续优化,以批发零售业,交通运输、仓储和邮政业,
租赁和商务服务业,信息传输、软件和信息技术服务业的发展最为突出。
我国服务业整体及大部分细分行业参与"一带一路"区域分工的模式虽经历
了频繁的变更,但最终处于前向参与模式,使得在"一带一路"区域价值链

---

① http://fec.mofcom.gov.cn/article/fwydyl/zgzx/201901/20190102829263.shtml.

中我国服务业出口对其他经济体供应的贡献程度大于我国对其他经济体中间品进口的依赖程度。我国服务业整体及大部分细分行业在"一带一路"区域价值链中的位置均较乐观,而且还在不断地向更高附加值位置攀升,主导和控制"一带一路"区域价值链的能力逐渐增强,其中租赁和商务服务业的发展尤为突出。从增加值角度看,我国服务业之所以能在"一带一路"区域价值链中形成较好的发展局面,主要在于我国服务业及其各细分行业出口中国内增加值投入占比较高,国内增加值通过"一带一路"沿线各经济体广泛参与多次跨境流动,"一带一路"区域价值链地位指数中间接增加值贡献率虽不及国外增加值贡献率,但差距相当,且前者占比日益提升,个别行业甚至前者的贡献率超过后者,如租赁和商务服务,教育,卫生和社会工作,并且我国服务业在面对"一带一路"沿线区域需求市场时国内价值链构建程度日益完善。

我国服务业在"一带一路"区域价值链中不仅占据着相对支配的地位,而且还与"一带一路"沿线各经济体发展服务业诉求相契合。在签署一系列合作协议和对"一带一路"沿线区域进行物资和资金援助的背景下,为我国服务业在该地域的发展奠定了良好的基础。同时,我国与"一带一路"沿线各经济体在服务贸易方面互补性大于竞争性,金融业和交通运输业的助推均为我国服务业未来在"一带一路"区域价值链中的发展创造了条件。

5 区域价值链对全球价值链地位提升的影响机制及攀升路径

通过上述分析可以发现，由于受到来自产业自身、发达国家和服务大国、国际经济发展环境的不利影响，我国服务业在全球价值链中仍然处于被支配地位，短时间内试图单纯地通过参与全球价值链实现产业升级，掌握更多的主动权，进而带动国内经济增长较为困难。相反，我国服务业在"一带一路"沿线区域发展却很乐观，在"一带一路"区域价值链中不仅占据着相对主导的地位，而且得益于有利的发展环境，发展前景良好。我国服务业在"一带一路"区域价值链中优良的发展基础和广阔的发展空间会通过量的积累最终促成产业综合实力发生质的提升，而产业综合竞争能力的跨越式发展必然为其在全球价值链中实现向高附加值攀升助力。所以本章节将在相关理论的指导下，分析我国服务业在"一带一路"区域价值链中的发展对提升其全球价值链地位指数的作用机理，明晰具体的攀升路径，为后续的实证分析以及日后制定相关政策措施提供理论依据。

5.1 要素禀赋

5.1.1 影响机制

根据要素禀赋理论，一国的要素禀赋结构决定了其在国际市场上所具有的比较优势，而比较优势的发挥程度又决定了一国某行业嵌入全球价值链的位置。在封闭型市场状态下，一国固有的要素是不具备流动性的，碍于有限的国内市场和较低的消费水平，国内比较丰沛的要素供给大于需求，在无法得到充分利用的情况下要素价格被严重低估。同样的，由于国内某些要素拥有量相对较贫乏，导致根本无法开展对某些产品的生产活动。开放型市场环境则有效地弥补了以上缺陷，打破了一国原有的要素结构，在缺乏市场开放度情况下东道国富裕要素是被闲置的或低效使用的，随着要素流动便利性的增强，闲置要素可以跨越国界逐渐投入使用，本国匮乏的要素也可通过从别国进口，从而实现生产产品多样化的目的。总之，要素的跨国界流动使参与分工环节的所有国家要素投入总量提高，通过对现有要素的重新配置，使有限的资源实现最大化的利用效果。可见，参与价值链分工可以显著地影响一国的要素结构。

同时，要素的流动还会影响一国产业的内部结构，进而通过产业内部结构的改变间接影响一国嵌入国际分工的环节。要素流动对产业内部结构产生影响的机制在于要素的流动导致要素收益在产业中各个行业间存在差异，一般情况下要素会向高收益的行业转移并集聚，致使相应的行业由于规模经济效应实现生产成本的大幅下降，从而推动该行业的良性发展。这种现象对于其他行业而言无疑会造成其发展规模的相对萎缩，致使要素更加大量地流入发展势头良好的行业，最终通过要素的不断流动，一国形成以要素流动集中行业为主导的产业内部结构。一国产业内部结构中若主导型产业是知识和技术密集型产业，则该国这一产业在国际市场上的竞争实力便越强。

我国服务业在参与"一带一路"区域分工的过程中，一方面可以充分利用沿线区域广阔的市场空间，输出本国闲置的生产要素，使其在得到充分利用的同时获得可观的利润收入，从中收获的贸易利得又可以为研发和提高国内核心生产能力提供充足的资金储备，研发能力和核心生产能力的提高又为我国服务业向全球价值链高端攀升提供了坚实的基础；另一方面，通过与"一带一路"沿线国家流入的要素相结合，本国相对缺乏的要素供给得以补充，显著地丰富了我国服务业在国际市场上所提供产品的种类，满足了参与全球价值链中各经济体不同的服务需求，为其向全球价值链高端攀升进行了量的积累。

　　具体来说，生产要素按照流动性的不同可以分为三类。第一类是高流动性生产要素。高流动性生产要素主要包括货币资本、技术、高端人才、品牌、营销网络、经营管理方式等。以高端人才为例，我国可以通过从"一带一路"沿线各国中引进不同服务行业的高精尖人才，通过学习、消化和吸收实现自身知识要素的积累，在日益成熟的市场机制、企业管理制度、科研人才队伍的基础上，通过采用新的思路见解，改进或创造新的事物、方法、元素，达到进一步提高生产效率，或在产品种类、质量和档次上实现创造性发展的效果，最终使我国服务业在全球价值链发展中实现质的提升。第二类是低流动性生产要素，如一般加工型劳动力。第三类是完全不流动生产要素，如土地。从要素流动对全球价值链地位提升的影响看，只有高流动性生产要素的发展对我国服务业向全球价值链高端攀升意义重大，因此，此处不再对第二类和第三类要素进行赘述。①

　　我国服务业除了通过参与"一带一路"区域分工直接改变固有的要素禀赋结构以外，还促使要素密集地向高收益的知识和技术密集型服务行业集聚，以至于该行业逐渐形成规模经济，为行业良性发展创造了条件。相反，面临要素逐渐流失的劳动密集型服务行业的生产规模将逐渐萎缩，最终使我国服务业形成以知识和技术密集型为主导的产业内部结构，良好的产业内部结构必然使我国服务业在全球价值链中的竞争力不断增强，在相对较高水平的基础上进一步打破发达国家和服务大国的控制，更容易实现向全球价值链中高附加值位置迈进的目标。

5.1.2 攀升路径

　　我国服务业要想通过与"一带一路"沿线国家的要素相互流动最终实现其在全球价值链中地位的进一步提高，具体的攀升路径一方面从政府层面，可在本国国内加强对外开放程度，出台更多政策措施激励外资进入，扩大市场准入范围，更多地签署双边或多边服务贸易协定，引导和鼓励本

---

　　① 李奕. 基于全球价值链分析的中国制造业升级路径及测度方法研究[D]. 上海：上海社会科学院，2018：101-102.

国资本"走出去"参与"一带一路"区域合作，为我国充分输出本国丰裕生产要素和利用"一带一路"沿线各国高流动性生产要素创造条件。同时，政府应适当下放权力，转而以引导为主，充分发挥市场的主导作用，通过价格机制合理调配要素流动方向，实现资源的合理化配置。两方面力量共同引导我国服务业优化要素禀赋结构，提高我国服务业在全球价值链中产品供应种类和质量的同时，优化了服务产业内部结构，增强了其同发达经济体和服务大国竞争的能力。

另一方面，从企业层面，可以选择通过在"一带一路"沿线区域成立跨国公司的形式，更好地利用东道国要素的比较优势，进而在全球价值链中使我国服务业企业在产品种类供应、产品质量和竞争力方面的能力得以提升。跨国公司是生产要素国际流动的载体，跨国公司的本质是生产要素流动的组织者与推动者，其成立的主要目的在于在全球范围配置要素，对要素进行优化组合。对于高流动性的要素而言，我国服务业可在"一带一路"沿线国家内部建设从事相对上游工序的跨国公司，以技术创新要素的流动为例，既可以通过内部途径也可以通过外部途径实现要素的流动。具体的，内部途径是指在"一带一路"沿线各经济体附属机构内或单独建立研究与开发中心实现，而外部途径可通过与"一带一路"沿线国家企业组建跨国技术战略联盟，或通过构建虚拟研发网络实现。① 对于低流动性或不流动性的要素而言，则更倾向于在"一带一路"沿线国家内部建立服务业工序下游企业，使"一带一路"沿线国家中不方便或无法流动的要素不出国门便可被我国直接利用。

5.2　专业化分工

5.2.1　影响机制

产品的生产包括许多不同的阶段，每一个生产环节均要求不同层次的

---

① 那军. 跨国公司技术创新要素的国际流动特性[J]. 国际经济合作，2008(1)：39.

劳动力、生产设备、知识、技术等的投入。专业化分工是指结合本国和别国所具有的不同优势领域，将产品不同的生产环节适当地在诸多国家间进行分配，从而实现提高生产效率的目的。对于发达国家而言，垂直专业分工特别是国际分工将有助于显著提升国内产业的劳动生产率水平。这是因为发达国家内部企业将本国生产效率较低的生产环节转移至世界其他低成本国家，专业化的生产模式带来了生产效率的提高。此外，国际分工还为企业将节省下来的资源投入高效率的生产活动创造了条件，进一步对劳动生产率水平产生积极的促进作用。①② 对于发展中国家而言，从国外进口大量材料或服务中间品中形成的"学习效应"也会提升企业的劳动生产率。③

我国通过参与"一带一路"区域价值链，可将服务产品的不同生产工序，包括研发、设计、生产、组装、营销等，适当地配置到生产效率相对较高的"一带一路"沿线国家，从而将多个国家连接到特定产品的生产链条上，形成一个以价值增值链为纽带的区域垂直专业化生产体系。这样做一方面减少了我国服务业企业在自身不擅长领域的投资，降低了不必要或收益率较低的沉没成本的投入，企业可以专心于自身的核心业务，节省出大量的精力和资金用于提高核心生产能力和关键技术的研发，技术能力的提高有利于服务业企业培育自有品牌，这必然会提高我国服务产品的声誉，进而增强其在全球价值链中的竞争能力。

另一方面，生产环节进一步细化后，将分解的各个生产任务分配给"一带一路"沿线在该领域相对专业的国家进行，参与分工的各个国家专注于特定环节的生产，很容易形成规模经济和范围经济，提高产品的生产效率，我国服务业生产效率的提升将使其能够满足全球价值链中更庞大的市

①　Amiti M, Wei S J. Fear of Service Outsourcing: Is It Justified? [J]. Economic Policy, 2005, 2004(186): 308-347.

②　Amiti M, Wei S J. Service Offshoring and Productivity: Evidence from the US[J]. The World Economy, 2009, 32(2): 207.

③　赵明亮. 中国参与国际垂直专业化分工的经济效应研究[D]. 济南: 山东大学, 2012: 34.

场需求，业务量的扩大将从量的积累方面为我国服务业实现向全球价值链高端迈进积聚力量。

另外，在"一带一路"区域价值链众多的生产环节中，并不是每一个环节都创造等量价值。区域价值链利益分配的基本规律是居于价值链两端的设计、研发、营销和品牌等战略性生产环节的厂商可以获得较高的利润。有数据显示，处于"微笑曲线"两端的产业利润率均在 20% 以上。① 通过上文对我国服务业在"一带一路"区域价值链中发展现状及前景的分析可以知道，我国服务业在参与"一带一路"区域分工过程中不仅占据着相对主导和控制的地位，而且未来还有向"一带一路"区域价值链高附加值两端继续攀升的能力。所以我国服务业参与"一带一路"区域价值链可以通过专业化分工从产品销售中获得高额的贸易利得，高水平的利润为产业技术提升提供资金支持，反过来服务产品中科技含量的提高又会使产业从产品贸易中获得更大的贸易利得，两者的良性循环发展最终为我国服务业在全球价值链中实现地位的攀升提供条件。

5.2.2 攀升路径

我国服务业可通过离岸外包或进口服务的方式在"一带一路"沿线区域实现垂直专业化分工，通过节约成本、提高生产效率和获得可观贸易利得实现向全球价值链高附加值地位攀升的目标。从离岸外包角度看，当我国服务业企业作为发包方时，将生产阶段中自身不具备比较优势的生产环节外包给"一带一路"沿线国家，集中精力专注于自身具有比较优势的核心环节，伴随专业化分工程度的加深，规模经济逐渐形成，最终推动生产成本的下降和全要素生产率的提升。② 当我国服务业企业作为承包方时，"一带一路"沿线各发包方在进行发包业务分配时，一定会对我国服务业的技术

---

① 林孝文. 国际垂直专业化分工中利益分配非对称性与领导厂商的纵向控制[J]. 中国经济问题，2010(6)：43.

② Amiti M, Wei S J. Service Offshoring and Productivity：Evidence from the US[J]. The World Economy，2009，32(2)：210.

水平、专业能力等设定一些选择标准，为了能够吸引新客户以及维持现有客户，我国服务业企业必须提升专业技术能力，以满足"一带一路"发包方的要求，这种自我提升效应也达到了促进我国服务业生产效率提升的效果。所以我国服务业企业无论是作为发包方还是作为承包方参与"一带一路"区域价值链，都会提高我国服务业企业在参与全球价值链时以更高的劳动生产率、更低的生产成本、更高的技术水平同发达国家和服务大国同类型企业竞争的能力。

从进口服务的角度看，无论是本国同类型的服务企业，还是那些将进口服务用作中间投入的企业，服务产品的进口均会通过分工更加专业化对本国这两类企业的生产效率产生积极影响。对于前者而言，服务产品的进口对本国同类服务提供企业产生竞争效应，本国同类服务提供企业通过模仿和学习提高自身的生产效率和技术水平；而对于后者而言，服务业企业可以通过使用更加优质高效的进口服务投入直接促进生产率的提升。总之，我国服务业企业可通过从"一带一路"沿线国家进口服务产品的方式，直接或间接地提升自身的生产效率并形成核心技术，从而缩小在国际市场上与服务大国之间竞争力的差距。

5.3 技术外溢

5.3.1 影响机制

我国服务业在参与"一带一路"区域产品内垂直分工时，一方面，作为主导和支配国将服务产品各生产环节分配给"一带一路"沿线具有比较优势的国家，参与分工的国家向我国服务业企业提供中间投入品和资本品，这其中高水平的技术含量会在这种垂直分工模式中直接传递给国内服务业企业，不仅为企业研发节省了大量的资金和精力，而且我国服务业企业可以通过直接学习、消化并吸收国外完备的技艺，在进一步改进的基础上形成本国独特的技术并投入服务产品的生产，极大地缩短了研发新产品的周期。另一方面，作为区域价值链的参与国，我国将承接来自"一带一路"沿线各国对服务产品的需求，并以此进行特定化生产，个性化的产品需求势必对科技水平和产品质量提出更高的要求，使得国内服务业企业在这种压力下实现产品科技含量和研发效率的提升。

我国服务业参与"一带一路"区域价值链所产生的以上技术外溢属于垂直型外溢，即通过分工对上下游关联企业的技术进步产生示范、援助和带动作用。还有一种技术外溢是平行外溢，随着"一带一路"区域分工的不断深化，"一带一路"沿线国家的服务业企业与我国同类型的服务业企业形成竞争局面，为了抢占更多的市场空间，在不同生产阶段具有比较优势的沿线服务业企业所掌握的技术无疑会对我国产生示范、刺激与推动作用，无形当中激励和敦促我国服务业加快提高技术水平的步伐。

我国服务业得益于参与"一带一路"区域分工产生的技术外溢，实现了本国服务业技术水平的跨越式提升，不断缩小其在全球价值链中与发达国家和服务大国在技术上的差距，具备向全球价值链高端攀升的核心资本。

5.3.2 攀升路径

我国服务业若要通过参与"一带一路"区域价值链产生的技术外溢促进其全球价值链地位的提升，可以通过对外直接投资活动实现。对外直接投资的方式主要包括绿地投资、跨国并购、战略联盟等。其中，绿地投资（Green Field Investment）又称"新建投资"，是指我国服务业对外直接投资主体在"一带一路"沿线目标国家境内设置的部分或全部资产归其所有的企业，具体方式一般包括在"一带一路"沿线国家内部建立海外研发机构，新建厂房、办公楼，在当地购买设备和雇佣劳动力等。图 5-1 展示了绿地投资模式下的攀升路径。绿地投资模式首先可以通过降低研发成本的方式实现技术外溢进而向全球价值链高端迈进。一方面我国服务业投资企业通过与"一带一路"沿线各国企业和政府分摊一部分研发费用，将腾出的大量资金资源集中于核心技术的研究与开发，为向全球价值链高端攀升培育核心力量；另一方面，通过对外直接投资开辟"一带一路"沿线国家市场，扩大市场范围，有助于我国服务业实现规模经济效益，从而实现单位产品研发

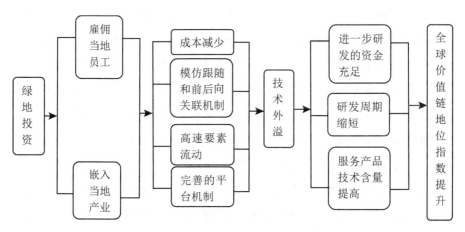

图 5-1 绿地投资下的攀升路径图

成本的下降, 从降低成本方面为我国服务业更好地参与国际分工创造条件。其次, 在绿地投资模式下我国服务业通过模仿跟随及前后向关联机制, 在与"一带一路"沿线各国企业进行交易、接触和合作的过程中, 借助自我学习和东道国企业的帮助指导, 获得成熟的技术信息, 提高研发能力提升的速度, 从缩短技术更新周期方面为我国服务业在全球价值链中同发达国家和服务大国竞争助力。再次, 我国服务业对外直接投资企业在选址方面会选择"一带一路"沿线国家内部聚集和关联效应较显著的地区, 在人才流动快、信息传播速度快的区域环境助推下, 能够让我国服务业企业更轻易地获得科技前沿信息, 推动其适应技术创新节奏并加强自身能力建设。自身能力的提高将成为我国服务业在全球价值链中突破发达国家和服务大国控制的主要力量。最后, 通过绿地投资的模式我国服务业可以直接享用"一带一路"沿线各国完善的商品市场、成熟的金融市场、充分的市场竞争、丰富且便于获得的中间产品, 在充分合理利用东道国平台机制的基础上, 我国服务业对外直接投资企业可实现不同程度的技术进步①, 完成产业的优化升级, 进一步向全球价值链高端迈进。

---

① 梁文化. 中国 OFDI 逆向技术溢出对自主创新的影响研究[D]. 北京: 首都经济贸易大学. 2017: 88-90.

　　跨国并购(Merger & Acquisition，M&A)是兼并或收购"一带一路"沿线各国技术使用企业，抑或单独收购其意欲剥离的具有技术资源的部门或机构等。图 5-2 为跨国并购形式下的攀升路径图。跨国并购的形式会将"一带一路"沿线企业所使用的现有研发要素、研发成果的所有权或使用权等技术资源直接纳入我国母公司的控制，以此获取技术资源的方式最为直接，能获取的技术资源总量也最为丰富，我国服务业企业短时间内便可实现技术水平的跨越式提升，产品科技含量的质变将显著提高我国服务业在全球价值链中的竞争能力。另外，在"一带一路"沿线区域中，通过跨国并购的形式为我国服务业在较高技术水平上实现进一步提升创造了良好的平台。本国服务业企业在通过引进和学习"一带一路"沿线国家先进且成熟的技术水平的基础上，对本国企业内部的科研人员等研发要素进行重新配置，对获得的研发成果进行消化、吸收、再创新，实现在现有技术水平上更上一层楼，为我国服务业形成具有绝对竞争优势的核心技术成果，从而逐渐主导和控制全球价值链创造了条件。

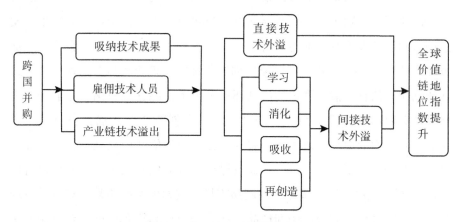

图 5-2　跨国并购下的攀升路径图

　　战略联盟(Strategic Alliances)又称"跨国战略联盟"或"战略经营同盟"，是指两个或两个以上不同国家相互独立的企业，在平等互惠的基础上，为了达成一定的战略目的或提高企业的竞争力，在双边或多边协议框架的约束下而结成的共担风险、共享利益的战略合作关系。由于战略联盟形成的前提是彼此间相互信任、资源共享以及共同的战略目标,因此在战略合作范围贯通生产、销售、研发等全价值链生产环节的情况下,我国服务业企业可从与"一带一路"沿线具有不同比较优势的经济体间建立互助合作的伙伴关系中获得其先进的技术成果,技术外溢的发生会推动我国服务业在全球价值链中向高附加值领域迈进。图 5-3 为以战略联盟形式通过技术溢出实现我国服务业全球价值链地位攀升的具体传播路径。战略联盟可以通过同"一带一路"沿线企业之间共建研发网络,为我国服务业企业近距离学习、吸收和效仿东道国企业先进技术提供途径,在此基础上自主创新能力

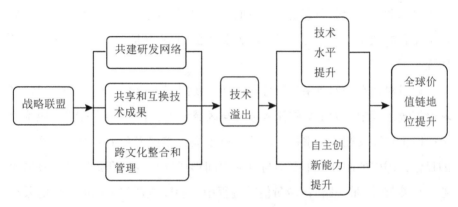

图 5-3 战略联盟下的攀升路径图

必有所提升。随着战略联盟发展的日趋成熟,我国服务业企业可以用自身具有比较优势的方面同战略联盟内其他企业进行知识产权的互换,进一步实现产业创新水平质的飞跃。另外,在战略联盟内不同国家和地区的企业之间随着文化的交流和融合,可以有效消除不同文化背景的员工之间的冲突,在温和且包容的文化氛围下,员工之间沟通和协作的便利性和有效性大大提高,进而促进隐性知识的逆向传播。① 技术水平的提升以及自主创新能力的形成是我国服务业在全球价值链中打破发达国家和服务大国技术

---

① 梁文化. 中国 OFDI 逆向技术溢出对自主创新的影响研究[D]. 北京:首都经济贸易大学,2017:77-78.

封锁的有力武器,强劲带动产业向全球价值链高端迈进。

5.4 制度因素

5.4.1 影响机制

通过改革,制度环境不断完善,这将成为加快服务业发展的核心动力。如以 OECD 成员国为代表的发达国家,20 世纪 80 年代以来,通过放松对服务业的管制实现了服务业的高速发展。除了发达经济体,发展中国家也是如此。如南美国家也在同一时期开展了对服务业的制度改革,并取得了显著的成效。可见,一国制度变迁的过程也是其产业升级的成长历程。

通过对现有学术成果进行分析可知,我国服务业在参与"一带一路"区域价值链过程中,为了能够深入地参与区域分工,在"一带一路"区域价值链中以主导和支配地位掌控区域价值链走向,实现强劲带动国内经济增长的目标,国内的制度改革必须与目标之间形成同步伐配套式发展。我国服务业在参与"一带一路"区域价值链过程中,制度改革促成深度开放的效果得以不断被检验,使得我国服务业在面临更广阔的世界市场时能够以更成熟、更开放的姿态参与国际分工。我国服务业在全球价值链中参与分工的广度和深度不断得以扩展和深化,为其实现全球价值链地位提升进行了充分的量的积累。

5.4.2 攀升路径

我国服务业在"一带一路"区域价值链中的发展若要通过制度因素对产业全球价值链地位指数提升产生积极影响,最主要的实施主体便是政府。在参与价值链分工过程中,政府作用的效果主要体现在调节贸易自由化和投资便利化的程度上。根据比较优势理论,贸易自由化有利于降低企业的交易成本,投资便利化为资本流通创造有利条件。也就是说,政府在助力产业价值链地位提升上，主要通过增强对外开放和简化投资流程，使得企业缩小资金投入和无障碍使用国际资源的途径实现。

我国服务业在参与"一带一路"区域价值链的过程中，政府可以通过不断出台相应的措施保证服务业"走出去"得以便利地实现，并根据"一带一路"沿线国家的特殊国情和市场状态，及时调整调控措施。通过不断的改革，政府行为得以进一步完善，出台的每一项调控措施都能实现最优化的效果，这一过程无形中为我国政府适应更大范围的国际分工积累了经验，提高了其应对国际市场突发环境变化的能力，及时有效地调整战略为我国服务业企业在全球价值链中生存力的提升提供了坚实的保障。

5.5　需求因素

5.5.1　影响机制

依据"市场范围假说"，某产业所面临的需求规模会对产业的生产分工与规模经济产生影响。详细地说，随着对某产业需求量的不断扩大，推动了产品生产过程的细化分割，生产环节的碎片化又会反作用于市场规模，在激励效应的作用下该产业的销售市场进一步扩展。为了适应和满足需求量的激增，企业将投入更多的人力、资金、技术等，提高生产效率，以便获得更强的市场竞争力。也就是说，市场规模产生的诱导效应敦促企业提高自身的综合实力。另外，市场对相关产品需求规模的扩大所产生的诱导效应还体现在推动企业间的扩张与融合，实现规模经济效应上。需求量的不断扩大必然带来现有产业规模的扩大和日益繁多的新创立的企业加速进入该领域，最终使得产业规模的逐步扩大和相关产业在一定的地域上出现集聚的现象。在相关理论和学术成果的指导下，本书认为我国服务业在参与"一带一路"区域价值链的过程中，面对着巨大的需求市场，服务产品生产过程会更加碎片化。无论是国内价值链网络，还是区域价值链网络，在完善程度、铺设广度以及深度方面都将实现质的提升。随着产品内分工的深化发展，我国服务业规模经济效应日益显现，产业综合能力也随之增强，多方力量共同支撑我国服务业在全球价值链中实现高质量发展。

需求方面除了会对一国产业产生诱导效应以外，还会产生终端需求效应。通过开辟海外市场，一国某产业的产品将突破国内有限的市场需求规模，此时，该产业的竞争实力主要取决于对目标国消费市场需求的洞察能力。随着新兴市场的快速增长与巨大的需求，来自该区域的消费者需求量、需求层次与需求偏好将引起国内产业的高度重视，由于向新兴市场销售适销对路的产品，对国内相关企业的收益将产生巨大影响，所以各企业均不得不对其产品进行改造升级，以更好地满足新兴消费群体。这一过程无疑会提升国内相关产业的生产效率、增加国内相关产品种类、提高产品质量和档次①。也就是说，我国服务业在参与"一带一路"区域分工时，面对的多样性和复杂性的需求迫使我国服务业进行产业升级，服务业高质量的发展必然使其能够更顺畅地向全球价值链高附加值位置攀升。

5.5.2 攀升路径

我国服务业可以通过贸易进入式、直接投资式、跨国并购式和国际市场契约式深度开发"一带一路"沿线各国的需求市场，进而通过需求方面的变化实现产业在全球价值链中飞速发展的目标。贸易进入式，是指我国服务业企业以直接或间接出口商品的形式进入"一带一路"沿线国家市场。这种方式的优点在于风险比较小、资源配置以及在财务和管理等方面投入均相对比较少，以相对安全和低成本的方式扩大需求。直接投资式和跨国并购与上文介绍的方式相似，此处不再重复，两者的主要特点均是使我国服务业投资主体具有较大的自主经营控制权，能够直接接触到"一带一路"沿线市场信息，对市场了解程度更深，以更加主动的姿态掌控"一带一路"区域庞大的需求走向。国际市场契约式，是指我国服务业企业与"一带一路"

---

① 周荣敏. 本地市场效应下中国产业结构升级研究[D]. 天津：天津财经大学，2015：38-39.

沿线国家市场的合作伙伴以签订长期的、非投资性的无形资产转让合同的方式触及目标市场,具体包括许可经营、特许专营、技术协议、管理合同、交钥匙工程等。①

无论是以上述哪种途径开辟"一带一路"区域市场,我国服务业都会通过"一带一路"庞大的需求对国内以及区域价值链的构建和完善以及产业升级产生积极影响,进而促进服务业高质量发展,在全球价值链中以较强的竞争优势实现全球价值链地位指数的提升。

5.6 本章小结

本章节通过深入分析我国服务业参与"一带一路"区域价值链对其全球价值链地位提升的影响机制及攀升路径,得出以下结论。在要素禀赋方面,我国服务业参与"一带一路"区域价值链改变了本国原始的要素禀赋结构以及产业内部结构,提高了我国服务产品的档次、种类和质量,并优化了产业内部结构,使我国服务业具备了向全球价值链高端迈进的基础。具体的攀升路径,从政府层面看,应以市场为主导,政府引导为辅的形式激励外资进入,引导和鼓励本国资本"走出去";从企业层面看,可借助成立跨国公司的形式实现。在专业化分工方面,我国服务业通过参与"一带一路"区域分工,获得了生产效率的提升以及雄厚的资金积累,为我国服务业更加广泛地参与全球价值链并向全球价值链高端攀升创造了条件。攀升途径可通过离岸外包或进口服务的方式实现。在技术外溢方面,我国服务业参与"一带一路"区域价值链过程中通过垂直型和水平型技术外溢的方式获得产业技术水平的跳跃式提升,这为我国服务业在发达国家和服务大国主导下的全球价值链中实现地位的显著提升培育了核心竞争优势。攀升路径可选择通过对外直接投资实现。在制度方面,我国服务业在参与"一带一路"区域价值链过程中,通过制度改革实现产业深度开放,在此基础上

---

① 陈雷. HPG公司海外市场开拓研究[D]. 杭州:浙江工业大学,2014:6-7.

我国服务业将以更成熟、更开放的姿态参与国际分工，为实现全球价值链地位提升进行量的积累。攀升路径是政府通过深化贸易自由化和投资便利化得以实现。在需求方面，"一带一路"区域庞大的需求市场通过诱导效应和终端需求效应促使我国服务业拥有了更加完善的价值链网络，提升了产业的综合能力，这些都将助力我国服务业在全球价值链中实现高质量发展。攀升路径可通过贸易进入式、直接投资式、跨国并购式和国际市场契约式拓展"一带一路"区域市场，进而对我国服务业全球价值链地位产生影响。

6 区域价值链对全球价值链地位提升的实证分析

根据上文对相关理论和现有研究成果的总结，结合我国服务业目前所处的国内国际环境，从理论的角度推导出我国参与"一带一路"区域价值链对于在全球价值链中地位的提升有显著的正向影响。本章节将针对这一理论推导结果展开实证检验。实证检验的内容分为三个部分：第一部分直接检验我国服务业在"一带一路"区域价值链中的发展对在全球价值链地位指数的影响；第二部分为模型稳健性的检验；第三部分为区域价值链地位指数对全球价值链地位指数影响机制的检验。三个部分的实证检验结果共同构成完整的对前文理论推导结论的实证分析。

6.1 模型设定和变量的选取

普遍使用的普通最小二乘法、工具变量法和极大似然法都具有较大的自身局限性，如模型的随机误差项只有在服从正态分布或某一已知分布时，估计出来的结果才是可靠的。相反，系统 GMM 模型的优点就在于其不需要知道随机误差项的准确分布情况，允许随机误差项存在异方差和序列相关，而且系统 GMM 模型普遍应用于前期的因变量对当期的因变量产生一定影响的情况。使用系统 GMM 模型进行估计时有效地解决了模型存在的自相关问题，应用系统 GMM 方法得到的估计参数比其他估计方法更加有效。结合本书的研究主题，选取系统 GMM 方法对理论推导结果进行检验是最有效的。

6.1.1 模型设定

在一般的动态面板模型中，解释变量可以包括被解释变量的多阶滞后值，因此，系统 GMM 模型的基本形式是：

$$y_{it} = \alpha + \rho_1 y_{i,\,t-1} + \rho_2 y_{i,\,t-2} + \cdots + \rho_p y_{i,\,t-p} + x_{it}\beta + z_i\sigma + u_i + \xi_{it} \quad (6\text{-}1)$$

其中，$y_{i,\,t-1}$ 为因变量滞后一期数据，同样的，$y_{i,\,t-2}$，$\cdots$，$y_{i,\,t-p}$ 分别为因变量的滞后二期数据，……，滞后 p 期数据；x_{it} 为影响因变量的其他因素；z_i 为不随时间变化的变量；u_i 为个体效应；ξ_{it} 为残差项。

结合本书的研究内容，设定系统 GMM 模型具体形式如下：

$$qqpos_{it} = \alpha + \theta qqpos_{i,\,t-1} + \beta qypos_{it} + \delta_1 sch_{it} + \delta_2 adv_{it} + \delta_3 ins_{it} +$$
$$\delta_4 mon_{it} + u_i + \xi_{it} \quad\quad\quad\quad (6\text{-}2)$$

上式中下标 i 和 t 分别表示第 i 个行业和第 t 年。qqpos 代表我国服务业在全球价值链中的位置，qypos 代表我国服务业在"一带一路"区域价值链中的发展现状，sch 代表我国服务出口产品中生产性服务中间品的投入情况，adv 代表我国服务出口产品中的国内增加值贡献程度，ins 代表基础设施完善程度，mon 代表我国服务业的自主创新能力，u_i 为个体效应，ξ_{it} 为残差项。这里我们最关注的是 β，若它显著为正，说明我国服务业在"一带一路"区域价值链中的发展确实提高了在全球价值链中的地位，验证了前文理论分析的正确性。

6.1.2 变量的选取

我国服务业在全球价值链中的位置（qqpos）可使用 WIOD 数据库 2016 年公布的最新世界投入产出表，利用王直等（2015）提出的对出口数据进行分解的方法，通过上文介绍的式（2-39）构建我国服务业全球价值链地位指数而得。另外，之所以在系统 GMM 模型中加入因变量的滞后一期数据，主要原因在于全球价值链地位指数通常具有平滑性和延续性的特点，行业在全球价值链中的位置不会经常发生大幅度变动，因此我国服务业前一期在全球价值链中的位置会直接影响接下来地位指数的变化，一般当期的全球价值链地位指数与滞后期呈正相关关系。

关于我国服务业在"一带一路"区域价值链中的发展情况(qypos),本书用我国服务业"一带一路"区域价值链地位指数表示,计算方法同全球价值链地位指数。通过上文的理论分析,预测我国服务业"一带一路"区域价值链地位指数与在全球价值链中的地位指数之间存在正向相关关系。

我国服务产品中生产性服务中间品的投入情况(sch)之所以会对我国服务业全球价值链地位指数产生影响,主要是因为生产性服务中间品具有科技含量高、附加值高等优点,它的投入可以显著提升我国服务产品的国际竞争力,进而我国服务业在全球价值链中的地位自然会攀升。因此,本书预测生产性服务业的投入与我国服务业全球价值链地位指数之间存在正相关关系。[1] 在本书中该变量将使用我国服务业出口产品中对生产性服务业的完全消耗系数予以表示。我国服务业各细分行业对生产性服务业的直接消耗和间接消耗的总和共同构成了对生产性服务产品的完全消耗。完全消耗系数的具体公式如下:

$$b_{ij} = a_{ij} + \sum_{k=1}^{n} a_{ik}a_{kj} + \sum_{s=1}^{n}\sum_{k=1}^{n} a_{is}a_{sk}a_{kj} + \cdots \tag{6-3}$$

其中,b_{ij} 代表服务业各行业对生产性服务业的完全消耗系数,上式右侧第一项表示第 j 部门对第 i 生产性服务部门的直接消耗量,$a_{ij}=x_{ij}/x_j$,x_{ij} 表示服务业 j 对生产性服务部门 i 的直接消耗量,x_j 为总投入;式中第二项表示第一次间接消耗,以此类推。若经济中存在 n 个部门,服务业中对生产性服务业的完全消耗系数可以用矩阵表示为:

$$S = uB \tag{6-4}$$

上式中 u 为 n 维的单位行向量,B 是由 b_{ij} 构成的矩阵,用矩阵的形式

---

① 本书将我国 GB/T 4754-2017 国民经济行业分类标准同 WIOD 数据库 2016 年公布的最新的 2000—2014 年世界投入产出表的行业分类进行整合,定义了 7 个生产性服务业,分别为农、林、牧、渔专业及辅助性活动,金属制品、机械和设备修理业,交通运输、仓储和邮政业,信息传输、软件和信息技术服务业,金融业,租赁和商务服务业,科学研究和技术服务业。由于我国金属制品、机械和设备修理业在世界投入产出表中无数值,所以剩余的 6 个服务行业为本书研究的生产性服务业。

可以表示为：

$$B = (I - A)^{-1} - I \qquad (6\text{-}5)$$

上式中 A 是由 a_{ij} 组成的矩阵。

我国服务出口产品中国内增加值贡献程度（adv）代表了我国在服务出口产品生产过程中创造价值增值的能力，该部分价值占产品总值的比重越多，说明我国在这种服务出口产品的生产中掌握着核心技术，控制着"微笑曲线"高附加值的两端位置。因此本书预测该变量对我国服务业全球价值链地位指数的提升有促进作用。adv 这一指标，本书用我国服务出口产品中国内增加值占产品总价值的比重表示。其中，国内增加值的计算参照马风涛和李俊（2014）的方法，计算公式如下：

$$v = \hat{p}(I - A)^{-1}f \qquad (6\text{-}6)$$

其中，$\hat{p}$ 是以增加值系数为矩阵元素的对角矩阵，$(I - A)^{-1}$ 为里昂惕夫逆矩阵，f 是最终需求向量。

基础设施完善程度（ins）会对我国服务业全球价值链地位指数产生影响，是因为一国某产业基础设施的便利性和通达性直接决定了产品各细分生产环节之间的衔接与协调程度、产业的运输成本和市场空间，基础设施越完善，则生产过程的效率越高，运输成本越低，产业所能触及的市场范围越大。可见，随着我国服务业基础设施的逐渐完善，通过生产效率、成本以及市场空间影响其在全球价值链中向高附加值位置攀升的能力越强，所以本书预测基础设施完善程度与我国服务业在全球价值链中的地位指数存在正向相关关系。本书用我国服务业各行业基础设施建设投资额代表基础设施完善程度这一指标，因为基础设施建设投资额越多，在大量的资金储备的基础上基础设施愈发完善的可能性越大，即我国服务业基础设施建设投资额的发展趋势正向地代表着该行业交通运输领域的通达及便利程度。

我国服务业的自主创新能力（mon）直接决定了在全球价值链中的竞争能力，自主创新能力越高，我国服务业通过缩短研发周期频繁的实现产品升级，提高产业国际竞争力的能力越强，而且在发达国家和服务大国对我国进行技术封锁的情况下，通过创新形成的自有核心技术是保证我国服务业向全球价值链高附加值位置攀升的主要力量。因此，本书预测我国服务业的创新能力与全球价值链地位指数呈正相关关系。本书用服务业各行业在自然科学技术领域研究与开发机构科技活动经费内部支出衡量我国服务业各行业的创新能力。因为行业要想实现技术领域的突破，必须有充足的资金供应，经费投入得越多，行业对于研发能力提升的重视程度越高，形成行业自主创新能力的可能性越大。

我们选取了2000—2014年我国12个服务业细分行业的面板数据。表6-1介绍了各变量的具体情况，表6-2列示了各变量的统计性描述结果。

表6-1 各变量的解释说明

变量代码	变量名称	指标选取	单位	数据来源
$qqpos_{it}$	我国服务业 i 行业当期全球价值链地位指数	式(2-31)	—	WIOD
$qqpos_{i,\,t-1}$	我国服务业 i 行业前一期全球价值链地位指数	式(2-31)	—	WIOD
$qypos_{it}$	我国服务业 i 行业当期"一带一路"区域价值链地位指数	式(2-31)	—	WIOD
sch_{it}	我国服务业 i 行业 t 时期出口产品中对生产性服务业的完全消耗系数	式(6-5)	—	WIOD
adv_{it}	我国服务业 i 行业 t 时期出口产品中国内增加值占产品总价值的比重	$\dfrac{\left[\hat{\boldsymbol{p}}(\boldsymbol{I}-\boldsymbol{A})^{-1}\boldsymbol{f}\right]}{\text{产品总价值}}$	—	WIOD
ins_{it}	我国服务业 i 行业 t 时期基础建设投资额	—	亿元	《中国统计年鉴》
mon_{it}	我国服务业 i 行业 t 时期自然科学技术领域研究与开发机构科技活动经费内部支出	—	万元	《中国统计年鉴》

注：表中"—"表示无计算公式或无计量单位。

表 6-2 各变量的统计描述

变量	均值	标准差	最小值	最大值
$qqpos_{it}$	−0.1153	0.0221	−0.1581	−0.0386
$qypos_{it}$	−0.0296	0.0546	−0.1530	0.1608
sch_{it}	0.3680	0.0863	0.1313	0.5711
adv_{it}	0.8805	0.0824	0.6779	0.9938
ins_{it}	6265.99	16233.87	2.99	123558.20
mon_{it}	917372.91	3290745.00	0	31323350.00

6.2 模型结果与稳健性检验

6.2.1 模型结果与分析

为了解决模型可能存在的内生性问题，本书采取以下两种方法对模型进行处理。其一是由于本书的计量模型中我国服务业全球价值链地位指数和"一带一路"区域价值链地位指数之间可能存在双向因果关系，由此产生的内生性问题将导致回归结果产生偏差和不一致性。依据 Arellano & Bond (1991、1998) 的研究，本书选取主要解释变量和其他解释变量的滞后一期作为工具变量进行回归，结果见表 6-3。其二是本书在模型设定过程中可能存在遗漏重要解释变量的情况，同样会导致内生性问题。依据 Fisman & Svensson(2007) 的研究，若设定的计量模型中存在由于测度误差或遗漏变量导致的解释变量和被解释变量之间受某一因素共同决定而产生的同步性内生性问题，可以通过构造类似行业—地区层面的平均值作为企业层面该变量的工具变量来解决，而且应用这种方法还可以有效解决由于被解释变量和解释变量之间的双向因果关系而引起的内生性问题。因此，本书将进一步选取除自身行业以外的同期其他行业全球价值链地位指数的均值作为工具变量进行回归，结果见表 6-4。在遵循"由小到大"的计量建模思路的基础上，本书先后应用工具变量法和系统 GMM 方法进行基本的回归。

表 6-3 基准模型回归结果一

变量	工具变量回归					系统 GMM				
	(1)	(2)	(3)	(4)	(5)	(1)	(2)	(3)	(4)	(5)
$qqpos_{i,t-1}$	0.7810***	0.7565***	0.7599***	0.7574***	0.7689***	0.5838***	0.6209***	0.4468***	0.4055***	0.4126***
	(12.97)	(12.80)	(12.57)	(12.65)	(12.81)	(10.84)	(11.60)	(7.51)	(6.87)	(6.75)
$qypos_{it}$	0.0214***	0.0217***	0.0051***	0.0077***	0.0085***	0.1411***	0.1148***	0.1274***	0.1509***	0.1514***
	(0.61)	(0.64)	(0.14)	(0.22)	(0.24)	(5.08)	(4.11)	(5.25)	(6.21)	(5.78)
sch_{it}		0.0388***	0.0276***	0.0255**	0.0251**		0.1125***	0.0930***	0.0544**	0.0513**
		(2.28)	(1.51)	(1.40)	(1.36)		(4.54)	(4.27)	(2.38)	(2.17)
adv_{it}			0.0289*	0.0235*	0.0199*			0.2129***	0.2178***	0.1949***
			(1.96)	(1.54)	(1.31)			(4.64)	(4.84)	(4.03)
ins_{it}				0.0000*	0.0000*				0.0000***	0.0000***
				(1.21)	(1.29)				(4.74)	(4.18)

续表

变量	工具变量回归					系统 GMM				
	(1)	(2)	(3)	(4)	(5)	(1)	(2)	(3)	(4)	(5)
mon_{it}	−0.0246***	−0.0424***	−0.0129***	−0.0178***	0.0000					−0.0000
	(−3.64)	(−4.17)	(−0.71)	(−0.96)	(0.26)					(−0.34)
cons					−0.0196***					
					(−1.06)					
AR(1)−p 值						0.000	0.000	0.000	0.000	0.000
AR(2)−p 值						0.556	0.897	0.987	0.782	0.884
Sargan test−p 值						0.110	0.264	0.153	0.164	0.299

注：工具变量回归下括号内的数值为 z 统计值，GMM 回归下括号内的数值为 t 统计值；***、**、* 分别表示 1%、5% 和 10% 的显著性水平。

表6-4 基准模型回归结果二

变量	工具变量回归					系统GMM				
	(1)	(2)	(3)	(4)	(5)	(1)	(2)	(3)	(4)	(5)
$qqpos_{i,t-1}$	0.8319***	0.8054***	0.8058***	0.8015***	0.8303***	0.5867***	0.6226***	0.4506***	0.4082***	0.4243***
	(12.08)	(11.46)	(11.24)	(11.26)	(11.29)	(10.89)	(11.65)	(7.59)	(6.94)	(6.83)
$qypos_{it}$	0.1185***	0.1012***	0.1163***	0.1078***	0.1197***	0.1374***	0.1133***	0.1291***	0.1507***	0.1490***
	(1.85)	(1.58)	(1.77)	(1.63)	(1.78)	(4.98)	(4.11)	(5.36)	(6.27)	(5.75)
sch_{it}		0.0238***	0.0145***	0.0136***	0.0084***		0.1107***	0.0901***	0.0528**	0.0530**
		(1.23)	(0.71)	(0.67)	(0.40)		(4.54)	(4.18)	(2.34)	(2.25)
adv_{it}			0.0260*	0.0223*	0.0188*			0.2065***	0.2148***	0.1942***
			(1.64)	(1.35)	(1.14)			(4.62)	(4.90)	(4.13)
ins_{it}				0.0000*	0.0000*				0.0000***	0.0000***
				(0.73)	(0.85)				(4.73)	(4.13)

续表

变量	工具变量回归					系统 GMM				
	(1)	(2)	(3)	(4)	(5)	(1)	(2)	(3)	(4)	(5)
mon_{it}	-0.0208***	-0.0328***	-0.0068***	-0.0106***	0.0000					-0.0000
	(-2.76)	(-2.69)	(-0.34)	(-0.51)	(1.12)					(-0.33)
cons					-0.0090***					
					(-0.43)					
AR(1)-p值						0.000	0.000	0.000	0.000	0.000
AR(2)-p值						0.559	0.905	0.998	0.774	0.895
Sargan test-p值						0.079	0.454	0.422	0.099	0.056

注: 工具变量回归下括号内的数值为 z 统计值, GMM 回归下括号内的数值为 t 统计值; ***、**、* 分别表示 1%、5% 和 10% 的显著性水平。

为了确保系统 GMM 估计结果的有效性，本书对选取不同工具变量项下的系统 GMM 模型(1)~模型(5)均进行了序列自相关检验和过度识别检验。所有模型中 Sargan 统计量均表明系统 GMM 模型的工具变量是有效的，并且 AR(1) 和 AR(2) 统计量也证实各回归方程扰动项的差分存在一阶自相关，但不存在二阶自相关，表明各模型均不存在序列相关性。接下来，以系统 GMM 模型的回归结果为主进行解读。首先，我国服务业滞后一期的全球价值链地位指数对被解释变量的影响均显著且为正，而且影响系数变化不大，说明我国服务业前一期在全球价值链中的地位指数影响当期在全球价值链中的位置，且两者之间是正向相关关系，以基准模型中模型(5)为例，我国服务业前一期的全球价值链地位指数提高 1 个单位，当期的全球价值链地位指数便分别上升 0.4126 和 0.4243 个单位。

其次，主要影响因素——我国服务业"一带一路"区域价值链地位指数对被解释变量的影响，模型(1)~模型(5)均在 1% 的水平下显著为正，且系数变化均不大。说明我国服务业"一带一路"区域价值链地位指数对全球价值链地位指数的影响十分稳定，我国服务业在"一带一路"区域价值链中的发展可以显著促进其向全球价值链高端位置攀升。在两个基准模型的模型(5)中，前者对后者的促进系数分别为 0.1514 和 0.1490。

再次，其他假设的影响因素，如我国服务出口产品中生产性服务中间品的投入情况、我国服务出口产品中国内增加值贡献程度和基础建设完善程度，均对我国服务业全球价值链地位指数有显著的正向影响。其中我国服务出口产品中国内增加值贡献程度对因变量的影响程度是最大的，在两个基准回归的模型(5)中，该变量对我国服务业全球价值链地位指数的影响系数为 0.1949 和 0.1942，且在 1% 的水平下显著。对我国服务业全球价值链地位指数的影响仅次于上一因素的是我国服务出口产品中生产性服务中间品的投入情况，该变量在 5% 的水平下影响系数分别为 0.0513 和 0.0530。只有基础建设完善程度对因变量的作用极小，影响系数几乎为零，这可能是由于我国基础设施建设程度已比较完善，因此在高水平的基础设施网络下再向上提升档次，对我国服务业全球价值链地位指数的影响十分有限。

最后，只有自然科学技术领域研究与开发机构科技活动经费内部支出对我国服务业全球价值链地位提升影响不显著，分析其原因，一方面可能是由于服务业各行业的科研资金投入量仍显著不足，无法满足服务业深入地从事产品研发和创新的要求，科研资金储备对自主研发能力而言无法形成质的飞跃，因此没有达到促进我国服务业全球价值链地位提升的效果；另一方面，可能是由于科研资金的投入无法最大化或快速有效地形成自主创新能力，这便造成短时间内自主创新能力的形成与科研资金的投入不成正比，因此在本书研究期间科研资金的投入对我国服务业全球价值链地位指数提升的积极效果没有显现。

6.2.2 模型稳健性检验

依据现有研究中通常用的关于模型稳健性检验的方法，本书在维持原模型不变的前提下更改因变量的数值，将我国服务业全球价值链地位指数转换成我国服务业在除"一带一路"沿线国家以外的全球价值链地位指数，对相关数据重新进行核算并以此回归原始模型(式(6-2))，结果见表6-5。从回归结果中可以看出，主要影响变量——我国服务业"一带一路"区域价值链地位指数显著地对因变量产生影响，并且影响方向与基准模型的回归结果一致，说明本书构建的模型具有较强的稳健性。

表6-5 模型显著性检验结果

变量	工具变量法		系统 GMM	
	(1)	(2)	(1)	(2)
L1. y	0.9470***	0.9483***	0.7387***	0.6887***
	(13.39)	(13.38)	(11.45)	(9.69)
$qypos_{it}$	0.1139**	0.1160**	0.0584*	0.0616*
	(2.19)	(2.22)	(1.68)	(1.70)
sch_{it}	0.0027*	0.0029*	0.1017***	0.1207***
	(0.16)	(0.17)	(3.96)	(3.05)

续表

变量	工具变量法		系统 GMM	
	（1）	（2）	（1）	（2）
adv$_{it}$	0.0144*	0.0144*	0.0075	0.0245
	（0.95）	（0.95）	（0.14）	（0.40）
ins$_{it}$	0.0000	0.0000	0.0000***	0.0000***
	（1.20）	（1.19）	（4.25）	（3.86）
mon$_{it}$	0.0000	0.0000	0.0000	0.0000
	（0.74）	（0.76）	（−0.59）	（−0.63）
cons	0.0072	0.0074		
	（0.37）	（0.38）		

注：①L1. y 表示我国服务业在除"一带一路"沿线国家以外的剩余国家中的全球价值链地位指数的滞后一期。

②工具变量法项下括号内的数值为 z 统计值，系统 GMM 项下括号内的数值为 t 统计值。

③ ***、**、* 分别表示 1%、5% 和 10% 的显著性水平。

④因为本书通过两种方式选取工具变量，因此每种回归方法下面有两列：（1）代表工具变量选取的是自变量的滞后一期；（2）代表工具变量选取的是除自身行业以外其余行业的全球价值链地位指数的均值。

6.2.3　影响机制检验

本章节将上文通过理论分析得出的我国服务业在"一带一路"区域价值链中的发展对在全球价值链地位指数影响的内在传导机理进行实证检验，即我国服务业在"一带一路"区域价值链中的发展通过要素禀赋、专业化分工、技术外溢、制度因素和需求因素这些途径共同提高我国服务业在全球价值链中的地位。本书采用中介变量的方法，首先从服务业整体对各个影响机理进行实证检验，接下来将服务业细分为生产性服务业、生活性服务业和公共服务业，深入解析不同类型的服务行业对传导机制的反应。

1. 中介变量方法

根据 Baron(1986)的研究，中介变量方法的原理是如果解释变量 X 是通过变量 M 对被解释变量 Y 产生影响的，那么 M 则被定义为中介变量。如果从回归模型中移除中介变量 M 以后，解释变量 X 对被解释变量 Y 的影响不再显著，那么中介变量就属于完全中介；反之，中介变量则属于部分中介。用方程的形式表示解释变量 X、被解释变量 Y 和假设中介变量 M 之间的关系，如下：

$$Y = cX + e_1 \tag{6-7}$$

$$M = aX + e_2 \tag{6-8}$$

$$Y = c'X + bM + e_3 \tag{6-9}$$

当第一个方程中回归系数 c 显著时，才能继续考虑假设中介变量 M 的情况。若 M 的中介效应最终被确定，那么其大小则为 $c - c'$ 或者 ab。2004年，温忠麟在《中介效应检验程序及其应用》中提出了中介效应检验流程，如图 6-1 所示。

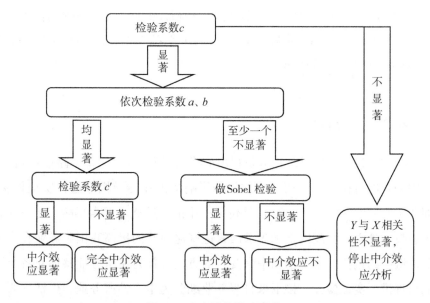

图 6-1 中介效应检验流程

当检验系数 a 和 b 时，若至少有一个不显著，便要进行 Sobel 检验，构造统计量 $S_{ab} = \sqrt{\hat{a}^2 s_b^2 + \hat{b}^2 s_a^2}$，其中，$\hat{a}$ 和 $\hat{b}$ 分别是系数 a 和 b 的拟合值，s_a 和 s_b 分别是 $\hat{a}$ 和 $\hat{b}$ 的标准误，以此得到统计量 $z = \hat{a}\hat{b}/S_{ab}$，$z$ 服从正太分布。将 z 值与对应的临界值进行对比，如果 z 的绝对值大于临界值，则 M 的中介效应显著，反之则相反。

2. 服务业整体的影响机制检验

从要素禀赋角度看，我国服务业在"一带一路"区域参与分工活动，通过改变本国原始的要素禀赋提高了要素的利用效率，完善了要素供给结构，实现了产业内部结构的优化升级，进而达到了向全球价值链高端攀升的效果。本书应用 WIOD 数据库 2016 年公布的社会经济账户中名义资本存量作为我国服务业各行业的要素禀赋进行中介效应检验。通过观察表 6-6 的中介效应检验结果可知，要素禀赋的中介效应显著，中介效应大小在 0.0009~0.0234 变动，说明我国服务业在参与"一带一路"区域价值链的过程中，确实通过要素禀赋的变化实现了在全球价值链地位的提升。

表 6-6　要素禀赋(W_1)的中介效应检验

变量	当因变量为我国服务业全球价值链地位指数时				当因变量为我国服务业在除"一带一路"沿线国家以外的全球价值链地位指数时	
	(1)		(2)		(1)	(2)
	第二步	第三步	第二步	第三步	第三步	第三步
L.Y		0.4250***		0.3323***	0.7269***	0.6842***
		(6.75)		(5.03)	(11.36)	(9.61)
W		0.0041*		0.0061*	0.0041*	0.0071*
		(1.10)		(1.44)	(1.16)	(1.74)

续表

变量	当因变量为我国服务业全球价值链地位指数时				当因变量为我国服务业在除"一带一路"沿线国家以外的全球价值链地位指数时	
	(1)		(2)		(1)	(2)
	第二步	第三步	第二步	第三步	第三步	第三步
$qypos_{it}$	1.2818***	0.1505***	1.6817***	0.1256***	0.0568*	0.0539**
	(8.39)	(5.83)	(5.76)	(3.29)	(1.89)	(2.00)
sch_{it}	0.8019***	0.0489**	0.8121***	0.0711*	0.0900***	0.1130***
	(5.73)	(2.05)	(2.75)	(1.87)	(3.61)	(2.83)
adv_{it}	0.8855***	0.1889***	1.0540***	0.2962***	0.0215	0.0172
	(3.98)	(3.86)	(2.90)	(4.70)	(0.41)	(0.28)
ins_{it}	0.0000***	0.0000***	0.0000***	0.0000**	0.0000***	0.0000***
	(24.74)	(3.05)	(10.85)	(2.58)	(3.08)	(3.20)
mon_{it}	0.0000***	−0.0000	−0.0000	−0.0000	−0.0000	−0.0000
	(2.93)	(−0.41)	(−0.31)	(−1.32)	(−0.97)	(−0.65)
Sobel 检验		1.0876*		1.3940*	1.1535*	1.6681*

注：①(1)列表示工具变量选取的是因变量的滞后一期，(2)列表示工具变量选取的是除自身行业以外其余行业全球价值链指数均值。

②括号内的数值为 t 值。

③***、**、*分别表示1%、5%和10%的显著性水平。

从专业化分工角度看，我国服务业参与"一带一路"区域价值链可以通过专业化分工提高生产效率促进其在全球价值链中地位的攀升。本书利用WIOD数据库2016年公布的社会经济账户中总产出和行业参与人数数据，将两者相除构建人均产出这一指标代表我国服务业各细分行业的劳动生产率，从而实现对专业化分工中介效应的检验。从表6-7的检验结果可以发现，专业化分工的中介效应显著，中介作用大小在0.0004～0.0507变动。证实了我国服务业在"一带一路"区域价值链中，依据各方的比较优势广泛且深入地同沿线国家进行交流和合作，促进了我国服务业生产效率的提升，并通过高效的生产效率对我国服务业全球价值链地位指数产生积极影响。

表6-7 专业化分工(W_2)的中介效应检验

变量	当因变量为我国服务业全球价值链地位指数时				当因变量为我国服务业在除"一带一路"沿线国家以外的全球价值链地位指数时	
	(1)		(2)		(1)	(2)
	第二步	第三步	第二步	第三步	第三步	第三步
L. Y		0.2447***		0.0630	0.5158***	0.4822***
		(4.01)		(0.95)	(7.99)	(6.65)
W		0.0005***		0.0006***	0.0004*	0.0004***
		(8.21)		(9.10)	(7.01)	(6.02)
qypos$_{it}$	5.9740***	0.1007***	6.2029***	0.1486***	0.0405***	0.0542***
	(3.13)	(8.12)	(7.34)	(6.91)	(4.50)	(4.29)
sch$_{it}$	0.5825***	−0.0147	0.4465***	−0.0116	0.0397*	0.0592
	(0.25)	(−0.64)	(0.46)	(−0.33)	(1.69)	(1.60)
adv$_{it}$	0.6368***	0.3084***	−5.8519	0.4969***	0.1438***	0.1639***
	(0.28)	(6.66)	(−1.38)	(8.21)	(2.94)	(2.73)
ins$_{it}$	0.0015**	0.0000	0.0024***	−0.0000	0.0000***	0.0000**
	(0.08)	(1.18)	(10.05)	(−0.61)	(2.74)	(2.28)
mon$_{it}$	0.0000***	−0.0000*	0.0000	−0.0000**	−0.0000	−0.0000
	(0.01)	(−1.68)	(0.88)	(−2.00)	(−1.43)	(−1.06)
Sobel 检验		2.9263***		5.7108***	2.8602***	4.6534***

注：①(1)列表示工具变量选取的是因变量的滞后一期，(2)列表示工具变量选取的是除自身行业以外其余行业全球价值链指数均值。

②括号内的数值为 t 值。

③*** 、** 、* 分别表示1%、5%和10%的显著性水平。

我国服务业参与"一带一路"区域分工产生的技术外溢,一方面体现在双边贸易往来过程中对于包含在产品内部的生产技术的学习、创新和应用,提升了我国服务业的技术水平和服务产品的科技含量,这会使行业内部核心生产力创造的价值增值显著提升,我国服务出口产品中国内增加值是很好的衡量指标。但由于原方程中已经包括这一变量,因此若用我国服务业国内增加值进行中介效应检验,将使回归模型存在高度内生性问题,降低中介效应检验精度,因此排除这种检验方式。另一方面,作为"一带一路"区域价值链的参与国,我国为满足"一带一路"沿线各国对服务产品的需求,以及有能力与沿线经济体中同类型的服务业企业竞争,国内服务业企业必须实现产品技术含量和研发效率的提高,这种示范、刺激与推动作用是技术外溢效应的另一种表现形式,将激励和敦促我国服务业在全球价值链中地位的提升。这种技术外溢的实现最主要的载体是行业内专业性人才,因此本书将应用《中国劳动统计年鉴》中服务业各行业大学本科及以上学历员工人数占行业总劳动人数的比例代表技术溢出效应进行中介效应检验。通过观察表 6-8 的中介效应检验结果得知,技术外溢的中介效应显著,中介作用在 0.0255~0.0637 变动。这说明我国服务业各行业在参与"一带一路"区域分工过程中通过技术溢出的途径为行业高质量发展储备了核心力量,缩小了其在全球价值链中与发达国家和服务大国之间的差距,提高了我国服务业的国际竞争力和地位。

从制度因素看,我国服务业在"一带一路"区域价值链中不断地积累参与国际分工的经验,通过深入开发对外开放能力,为我国服务业在全球价值链中的发展奠定了基础。本书用前文计算的我国服务业向世界出口产品中来自国外账户的纯重复计算部分(FDC)来衡量一国开放的深度,该指标越高,代表行业产品在形成最终产品之前经历了多次跨越国界的活动,说明该行业对外开放的层次更加深化。通过对制度因素进行中介效应检验,表 6-9 明确显示该因素在我国服务业"一带一路"区域价值链促进全球价值链地位提升过程中的中介效应显著,作用力大小为 0.0296~0.1192。

表 6-8 技术外溢(W_3)的中介效应检验

变量	当因变量为我国服务业全球价值链地位指数时				当因变量为我国服务业在除"一带一路"沿线国家以外的全球价值链地位指数时	
	(1)		(2)		(1)	(2)
	第二步	第三步	第二步	第三步	第三步	第三步
L.Y		0.3982 ***		0.3425 ***	0.7727 ***	0.7075 ***
		(5.87)		(4.78)	(7.99)	(8.92)
W		0.0005 **		0.0002	0.0007 ***	0.0004
		(2.30)		(0.66)	(3.10)	(1.59)
qypos$_{it}$	6.9531	0.1259 ***	0.0933 ***	0.0853 *	0.0241	0.0328
	(0.89)	(4.31)	(3.97)	(1.90)	(0.54)	(0.74)
sch$_{it}$	57.5825 ***	0.0399	31.1620 **	0.0821 *	0.0889 ***	0.1224 ***
	(7.80)	(1.34)	(2.59)	(1.97)	(2.66)	(2.80)
adv$_{it}$	-33.2756 ***	0.1802 ***	-16.9912	0.2300 ***	-0.0599	-0.0585
	(-2.73)	(3.23)	(-1.03)	(3.19)	(-0.92)	(-0.80)
ins$_{it}$	0.0002 ***	0.0000 ***	0.0005 ***	0.0000 ***	0.0000 ***	0.0000 **
	(3.10)	(3.79)	(4.29)	(3.25)	(3.33)	(3.48)
mon$_{it}$	0.0000	-0.0000 *	0.0000	-0.0000	0.0000	-0.0000
	(1.58)	(-0.50)	(0.24)	(-1.17)	(0.19)	(-0.51)
Sobel 检验		0.8286 *		0.6534 *	0.8544 *	1.4743 *

注：①(1)列表示工具变量选取的是因变量的滞后一期，(2)列表示工具变量选取的是除自身行业以外其余行业全球价值链指数均值。

②括号内的数值为 t 值。

③ *** 、 ** 、 * 分别表示 1%、5%和10%的显著性水平。

表 6-9　制度因素（W_4）的中介效应检验

变量	当因变量为我国服务业全球价值链地位指数时				当因变量为我国服务业在除"一带一路"沿线国家以外的全球价值链地位指数时	
	(1)		(2)		(1)	(2)
	第二步	第三步	第二步	第三步	第三步	第三步
L. Y		0.0284*		0.0218	0.2955***	0.2954***
		(1.72)		(1.16)	(7.40)	(6.71)
W		0.0085**		0.0085***	0.0071***	0.0069***
		(59.70)		(52.11)	(21.61)	(20.12)
$qypos_{it}$	18.0647***	0.0658***	15.5289***	0.0298***	0.0288	0.0020
	(6.98)	(10.40)	(3.79)	(2.94)	(1.52)	(0.10)
sch_{it}	2.6014	0.0163***	2.2045	0.0115	0.0754***	0.0574**
	(1.10)	(2.91)	(0.53)	(1.13)	(5.58)	(2.58)
adv_{it}	−52.313***	−0.0183	−65.7515***	−0.0122	−0.1299***	−0.1774***
	(−13.89)	(−1.53)	(−12.93)	(−0.69)	(−4.49)	(−4.98)
ins_{it}	−0.0001***	0.0000***	−0.0001**	0.0000***	0.0000***	0.0000**
	(−4.67)	(3.80)	(−2.34)	(4.53)	(4.83)	(6.51)
mon_{it}	−0.0000	−0.0000	0.0000	−0.0000*	−0.0000	0.0000
	(−0.77)	(−1.43)	(0.92)	(−1.72)	(−0.08)	(0.15)
Sobel 检验		6.9375***		3.7822***	6.6450***	3.7266***

注：①(1)列表示工具变量选取的是因变量的滞后一期，(2)列表示工具变量选取的是除自身行业以外其余行业全球价值链指数均值。

②括号内的数值为 t 值。

③＊＊＊、＊＊、＊分别表示 1%、5%和 10%的显著性水平。

从需求因素看，理论分析认为，来自"一带一路"沿线区域各经济体巨大的需求将对我国服务业的发展产生诱导效应和终端需求效应，通过生产效率、产品品质、产品种类、技术等方面的改进，对我国服务业全球价值链地位指数产生积极影响。本书采用 WIOD 数据库 2016 年公布的世界投入产出表中我国服务业各行业的总出口量来反映需求方面的变化，进而通过中介效应分析方法验证上述传导机制。表 6-10 的中介效应检验结果显示需求因素的中介效应并没有通过 Sobel 检验，本书分析一方面可能是由于"一带一路"沿线各经济体对我国服务业的需求仅集中在较少的几个行业，没有形成对服务业各细分行业普遍且均衡的需求结构，因此对个别行业产生的需求诱导效应和终端需求效应无法从服务业整体层面显现。另一方面，可能是由于"一带一路"沿线大部分国家自身服务业发展层次较低，同我国的服务贸易往来中对服务产品的档次、种类等方面的要求不会太高端，对于我国服务业产品升级的促进作用不明显，因此，我国服务业并不会通过与"一带一路"沿线国家的贸易从需求层面促进其在全球价值链中的发展。

3. 不同服务行业的影响机制检验

由于各服务行业性质不同，对传导机制的反应不同，即我国服务业各行业参与"一带一路"区域分工时将通过不同的传导路径影响其在全球价值链中的地位攀升。因此接下来将服务业分为生产性服务业、生活性服务业和公共服务业。其中，生产性服务业是指为生产活动提供研发设计与其他技术服务、货物运输仓储和邮政快递服务、信息服务、金融服务、节能与环保服务、生产性租赁服务、商务服务、人力资源管理与培训服务、批发经纪代理服务、生产性支持服务的行业，具体包括农、林、牧、渔专业及辅助性活动，金融业，信息传输、软件和信息技术服务业，交通运输、仓储和邮政业，租赁和商务服务业，科学研究；生活性服务业是指那些直接向居民提供物质和精神生活消费产品及服务的行业，其产品、服务用于解

表 6-10 需求因素（W_s）的中介效应检验

变量	当因变量为我国服务业全球价值链地位指数时				当因变量为我国服务业在除"一带一路"沿线国家以外的全球价值链地位指数时	
	(1)		(2)		(1)	(2)
	第二步	第三步	第二步	第三步	第三步	第三步
L. Y		0.4122***		0.3208***	0.7201***	0.6801***
		(6.55)		(4.83)	(7.40)	(9.49)
W		0.0002		0.0003	−0.0002	−0.0002
		(0.96)		(1.16)	(−0.65)	(−0.93)
$qypos_{it}$	3.1523	0.1524***	18.5422	0.1108***	0.0527	0.0573
	(0.42)	(5.83)	(1.53)	(2.93)	(1.52)	(1.57)
sch_{it}	1.7514	0.0501**	2.0098**	0.0642	0.0911***	0.1140***
	(0.26)	(2.12)	(0.62)	(1.64)	(3.67)	(2.83)
adv_{it}	7.2649	0.2023***	5.0155	0.3118***	0.0373	0.0314
	(0.67)	(4.15)	(0.33)	(4.96)	(0.72)	(0.51)
ins_{it}	−0.0000	0.0000***	0.0001	0.0000***	0.0000***	0.0000***
	(−0.43)	(4.19)	(1.03)	(3.36)	(4.06)	(3.92)
mon_{it}	0.0000	−0.0000	−0.0000	−0.0000*	−0.0000	−0.0000
	(1.04)	(−0.27)	(−0.22)	(−1.36)	(−0.96)	(−0.64)
Sobel 检验		0.3864		0.9267	0.3553	0.7923

注：①(1)列表示工具变量选取的是因变量的滞后一期，(2)列表示工具变量选取的是除自身行业以外其余行业全球价值链指数均值。

②括号内的数值为 t 值。

③***、**、*分别表示 1%、5%和 10%的显著性水平。

决购买者生活中的各种需求，主要包括住宿餐饮业和批发零售业；公共服务业涵盖了教育，水利、环境和公共设施管理业，卫生和社会工作，文化、体育和娱乐业，居民服务、修理和其他服务业，公共管理、社会保障和社会组织行业。本书将再次应用中介效应分析法，分别从这三个行业层面验证各自的影响机制。

首先，对我国生产性服务业在"一带一路"区域价值链中的发展对其全球价值链地位指数提升的影响机制进行检验，表6-11~表6-15是中介效应检验结果，通过观察可知，我国生产性服务业在"一带一路"区域价值链中的活动主要通过专业化分工和制度因素将积极的效应传导至全球价值链，这主要是由生产性服务业的自身特点决定的。根据我国行业分类标准，生产性服务业中大部分行业的发展均存在开放程度明显不足的问题，相对封闭的发展环境使得上述行业无法深度参与国际分工，从而降低了生产专业化程度，生产效率也就无法实现增长。因此，我国生产性服务业在"一带一路"区域价值链中的发展更易于从自身相对薄弱的环节实现突破，行业专业化分工情况不断优化、生产效率显著提高、开放程度日益深化均为我国生产性服务业向全球价值链高端攀升积蓄了力量。

具体来看，在金融领域，我国在"一带一路"区域中已通过以下途径实现了深度开放。首先，人民币国际化进程在"一带一路"区域得到加快发展。我国中央银行已与"一带一路"沿线众多国家的中央银行签订了本币结算协定，允许在货物贸易中使用双方的本币或人民币进行结算。并且人民币已与"一带一路"沿线多国货币在银行间外汇市场上挂牌交易。在清算行安排方面，中资金融机构已在"一带一路"沿线国家设立多家人民币清算行。在双边本币互换方面，我国中央银行已与"一带一路"沿线国家和地区的中央银行或货币当局签署了规模巨大的双边本币互换协议。其次，我国与"一带一路"沿线各国在对方国家境内设立金融机构。截至2015年6月末，我国大型国有商业银行、股份制商业银行、政策性银行在"一带一路"沿线11个国家和地区设立了55家一级分支机构，并通过代理行关系与"一

表6-11 生产性服务业要素禀赋的中介效应检验

变量	当因变量为我国服务业全球价值链地位指数时 (1) 第一步	(1) 第二步	(1) 第三步	(2) 第一步	(2) 第二步	(2) 第三步	当因变量为我国服务业在除"一带一路"沿线国家以外的全球价值链地位指数时 (1) 第一步	(1) 第三步	(2) 第一步	(2) 第三步
L.Y	0.2462*** (2.94)	0.2115** (2.29)	0.2464*** (2.91)	0.1385* (1.72)	0.2268* (1.73)	0.1380* (1.68)	0.8168*** (7.78)	0.8099*** (7.60)	0.8097*** (7.66)	0.6615*** (5.78)
W			0.0022 (0.10)			0.0190 (0.90)		0.0143 (0.50)		0.0385 (1.40)
$qypos_{it}$	0.2336*** (7.14)	0.3939*** (5.52)	0.2341*** (7.03)	0.1934*** (4.78)	0.3834*** (4.73)	0.1977*** (4.76)	0.1286** (2.33)	0.1338** (2.37)	0.1201** (2.10)	0.1027* (1.93)
sch_{it}	-0.0055 (-0.21)		-0.0064 (-0.23)	-0.0307 (-1.08)		-0.0380 (-1.26)	0.0766* (1.94)	0.0685 (1.59)	0.0752* (1.77)	0.0285 (0.68)
adv_{it}	0.2827*** (5.63)	0.0688 (0.72)	0.2824*** (5.57)	0.4169*** (7.05)	0.0508 (0.41)	0.4161*** (6.91)	-0.0064 (-0.09)	-0.0035 (-0.05)	-0.0153 (-0.20)	0.0770 (1.02)
ins_{it}	0.0000*** (4.29)	0.0000*** (49.89)	0.0000 (1.18)	0.0000*** (3.82)	0.0000*** (40.85)	0.0000 (0.43)	0.0000*** (2.65)	0.0000 (0.38)	0.0000*** (2.67)	0.0000 (0.21)
mon_{it}	-0.0000 (-0.69)	0.0000 (0.60)	-0.0000 (-0.69)	-0.0000 (-1.96)	0.0000 (0.20)	-0.0000 (-1.94)	-0.0000 (-0.48)	-0.0000 (-0.50)	-0.0000 (-0.49)	-0.0000 (-0.98)
Sobel 检验			0.1013			0.7958		0.4887		0.7576

注：①(1)列表示工具变量选取的是因变量的滞后一期，(2)列表示工具变量选取的是除自身行业以外其余行业全球价值链指数均值。
②括号内的数值为 t 值。
③***、**、* 分别表示 1%、5% 和 10% 的显著性水平。

表 6-12 生产性服务业专业化分工的中介效应检验

变量	当因变量为我国服务业全球价值链地位指数时				当因变量为我国服务业在除"一带一路"沿线国家以外的全球价值链地位指数时	
	(1)		(2)		(1)	(2)
	第二步	第三步	第二步	第三步	第三步	第三步
L. Y		0.132		0.0395	0.5165***	0.5106***
		(1.56)		(0.47)	(4.82)	(4.75)
W		0.0005***		0.0005***	0.0007***	0.0007***
		(5.75)		(5.99)	(5.52)	(5.47)
$qypos_{it}$	53.2176*	0.2190***	44.4677**	0.1188***	0.1160***	0.1130***
	(1.90)	(6.78)	(2.15)	(5.22)	(3.2)	(3.04)
sch_{it}	80.4052***	-0.0628**	84.0796***	-0.0846***	-0.0132	-0.0133
	(3.71)	(-2.24)	(6.58)	(-2.76)	(-0.34)	(-0.33)
adv_{it}	43.6753	0.3075***	65.7405***	0.4278***	0.0872	0.0893
	(1.50)	(6.20)	(3.37)	(7.02)	(1.30)	(1.26)
ins_{it}	0.0011***	0.0000	0.0012***	0.0000	0.0000	0.0000
	(7.53)	(0.76)	(12.72)	(0.30)	(0.61)	(0.68)
mon_{it}	0.0000***	-0.0000*	0.0000	-0.0000**	0.0000	0.0000
	(2.98)	(-1.89)	(1.36)	(-2.41)	(-1.13)	(-1.14)
Sobel 检验		1.8025*		2.0234*	1.7946*	2.0009**

注：①(1)列表示工具变量选取的是因变量的滞后一期，(2)列表示工具变量选取的是除自身行业以外其余行业全球价值链指数均值。

②括号内的数值为 t 值。

③ ***、**、* 分别表示 1%、5% 和 10% 的显著性水平。

表 6-13　生产性服务业技术溢出的中介效应检验

变量	当因变量为我国服务业全球价值链地位指数时				当因变量为我国服务业在除"一带一路"沿线国家以外的全球价值链地位指数时	
	(1)		(2)		(1)	(2)
	第二步	第三步	第二步	第三步	第三步	第三步
L. Y		0.1859^{**}		0.1085	0.8041^{***}	0.8056^{***}
		(2.02)		(1.19)	(6.46)	(6.44)
W		0.0007^{***}		0.0007^{***}	0.0006^{*}	0.0006^{*}
		(3.18)		(2.87)	(1.93)	(1.79)
$qypos_{it}$	9.495	0.2179^{***}	-30.5475	0.2079^{***}	0.1063	0.1057
	(0.85)	(5.98)	(-1.88)	(4.37)	(1.63)	(1.57)
sch_{it}	25.6140^{***}	-0.0155	16.8001	-0.0403	0.0944^{*}	0.0935^{*}
	(2.81)	(-0.49)	(1.57)	(-1.18)	(1.89)	(1.81)
adv_{it}	-32.5943^{**}	0.3215^{***}	-19.8611	0.4340^{***}	-0.0367	-0.0405
	(-2.59)	(5.40)	(-1.22)	(6.10)	(-0.39)	(-0.41)
ins_{it}	0.0002^{***}	0.0000^{***}	0.0002^{***}	0.0000^{***}	0.0000^{**}	0.0000^{**}
	(2.67)	(3.34)	(3.51)	(2.65)	(2.28)	(2.07)
mon_{it}	0.0000^{**}	-0.0000	0.0000	-0.0000^{*}	-0.0000	-0.0000
	(2.22)	(-1.06)	(0.08)	(-1.81)	(-0.36)	(-0.36)
Sobel 检验		0.8172		1.5719	0.7747	1.2963

注：①(1)列表示工具变量选取的是因变量的滞后一期，(2)列表示工具变量选取的是除自身行业以外其余行业全球价值链指数均值。

②括号内的数值为 t 值。

③ $***$ 、 $**$ 、 $*$ 分别表示 1%、5% 和 10% 的显著性水平。

表 6-14 生产性服务业制度因素的中介效应检验

变量	当因变量为我国服务业全球价值链地位指数时				当因变量为我国服务业在除"一带一路"沿线国家以外的全球价值链地位指数时	
	(1)		(2)		(1)	(2)
	第二步	第三步	第二步	第三步	第三步	第三步
L. Y		-0.0555^*		-0.0812^{***}	0.3144^{***}	0.3081^{***}
		(-1.94)		(-2.67)	(5.57)	(5.55)
W		0.0084^{***}		0.0083^{***}	0.0096^{***}	0.0098^{***}
		(32.23)		(29.55)	(17.01)	(17.52)
$qypos_{it}$	23.1831^{***}	0.0765^{***}	18.9787^{***}	0.0473^{***}	0.0533^*	0.0535^*
	(7.00)	(6.58)	(4.22)	(3.03)	(1.94)	(1.94)
sch_{it}	5.1955^{**}	0.0012	6.8070^{**}	-0.0065	0.1020^{***}	0.0837^{***}
	(2.03)	(0.14)	(2.45)	(-0.62)	(5.61)	(4.39)
adv_{it}	-46.4424^{***}	0.0219	-58.0864^{***}	0.0597^{**}	-0.2685^{***}	-0.3098^{***}
	(-13.54)	(1.21)	(-13.69)	(2.41)	(-7.22)	(-7.95)
ins_{it}	-0.0001^{***}	0.0000^{***}	-0.0001^{***}	0.0000^{***}	0.0000^{***}	0.0000^{***}
	(-4.43)	(2.76)	(-3.23)	(2.69)	(2.69)	(3.99)
mon_{it}	-0.0000	-0.0000	0.0000	-0.0000^{**}	0.0000	0.0000
	(-0.02)	(-0.61)	(1.40)	(-2.19)	(1.09)	(1.12)
Sobel 检验		6.8418^{***}		4.1740^{***}	6.4745^{***}	4.0992^{***}

注:①(1)列表示工具变量选取的是因变量的滞后一期,(2)列表示工具变量选取的是除自身行业以外其余行业全球价值链指数均值。

②括号内的数值为 t 值。

③ $*$ $*$ $*$ 、 $*$ $*$ 、 $*$ 分别表示 1%、5% 和 10% 的显著性水平。

表 6-15 生产性服务业需求因素的中介效应检验

变量	当因变量为我国服务业全球价值链地位指数时				当因变量为我国服务业在除"一带一路"沿线国家以外的全球价值链地位指数时	
	(1)		(2)		(1)	(2)
	第二步	第三步	第二步	第三步	第三步	第三步
L. Y		0.2622***		0.1524*	0.8148***	0.8051***
		(3.12)		(1.91)	(7.93)	(7.79)
W		0.0007**		0.0009***	0.0010**	0.0011**
		(2.19)		(2.93)	(2.37)	(2.47)
$qypos_{it}$	−9.5990	0.2246***	−30.5817	0.1649***	0.0985*	0.0868
	(−0.97)	(6.82)	(−2.24)	(4.01)	(1.77)	(1.51)
sch_{it}	−8.0950	−0.0102	−10.2788	−0.0382	0.0612	0.0589
	(−1.06)	(−0.38)	(−1.22)	(−1.36)	(1.56)	(1.41)
adv_{it}	9.5484	0.2843***	17.7862	0.4255***	0.0115	0.0038
	(0.93)	(5.67)	(1.38)	(7.29)	(0.16)	(0.05)
ins_{it}	−0.0000	0.0000***	−0.0000	0.0000***	0.0000***	0.0000***
	(−0.17)	(4.23)	(−0.18)	(3.81)	(2.64)	(2.74)
mon_{it}	0.0000*	−0.0000	0.0000	−0.0000*	−0.0000	−0.0000
	(1.70)	(−0.36)	(0.37)	(−1.86)	(−0.48)	(−0.49)
Sobel 检验		0.8850		1.7784	0.8960	1.6603

注：①(1)列表示工具变量选取的是因变量的滞后一期，(2)列表示工具变量选取的是除自身行业以外其余行业全球价值链指数均值。

②括号内的数值为 t 值。

③ ***、**、* 分别表示1%、5%和10%的显著性水平。

带一路"沿线国家和地区的金融机构开展业务合作。[①] 同一时期"一带一路"沿线 21 个国家和地区的 55 家商业银行在我国设立了 7 家子行、17 家分行以及 41 家代表处。[②] 再次，我国金融市场逐渐开放。离岸人民币国际债券业务不断拓展，香港点心债、新加坡狮城债、台湾宝岛债等"一带一路"国家和地区的离岸人民币债券业务发展迅速。另外，境外机构进入银行间债券市场进一步便利化。最后，重视金融合作平台建设。我国积极开展与"一带一路"沿线各经济体的多方位合作，参与搭建了不同层次、不同范围的区域金融合作平台，例如中印财金对话机制、孟中印缅地区合作论坛、中国-东盟博览会、中国-南亚博览会、中国-亚欧博览会、中国-阿拉伯国家博览会、中亚区域经济合作机制(CAREC)、博鳌亚洲论坛、中国-东盟征信研究中心、中国-巴基斯坦投资有限责任公司等，增强了我国与"一带一路"沿线国家和地区的沟通交流，提升了我国在"一带一路"区域金融合作中的参与力度。我国金融业在"一带一路"区域的深度开放，为其在全球价值链中的发展积累了经验并奠定了基础。

在信息传输、软件和信息技术服务领域，我国致力于与"一带一路"沿线国家进行产业合作，并将进一步推动行业深度开放。2018 年 6 月 30 日，"一带一路"新一代信息技术产业国际合作论坛在北京举行，12 个"一带一路"沿线国家政府部门代表被邀出席会议，参会各方就产业发展、政策环境以及合作机遇方面进行交流介绍。并且为"一带一路"沿线各经济体和企业提供数据支持、培训教育、企业评估、风险实况等相关服务的"一带一路+"服务平台正式公布。中方将持续致力于与"一带一路"沿线国家在新一代信息技术领域深度合作，开展跨境电子商务合作，提高通关、物流等数字便利化水平，发掘合作潜力。另外，由我国软件行业协会发起，工业和信息化部信息化和软件服务业司为指导单位，联合国内部分行业领先的企业、用户、园区、媒体、相关高校和研究机构，以及"一带一路"沿线国家

[①] 陈华."一带一路"战略下金融对外开放新格局[J]. 南方金融，2016(2)：47-52.

[②] 陈华."一带一路"战略下金融对外开放新格局[J]. 南方金融，2016(2)：47-52.

企业和机构共同组建的"一带一路"软件与信息技术服务联盟通过共享各国信息化建设的机遇、实践案例和资源,寻求我国与"一带一路"沿线国家在软件与信息服务产业的联合发展,助力我国软件和信息服务企业"走出去"。信息传输、软件和信息技术服务业在"一带一路"区域的深度融合发展将使产业以更加高效和开放的姿态参与全球价值链。

在交通运输、仓储和邮政领域,我国本着共商、共建、共享的原则,与俄罗斯欧亚经济联盟、东盟互联互通总体规划、哈萨克斯坦"光明之路"、土耳其"中间走廊"、蒙古"发展之路"、越南"两廊一圈"、英国"英格兰北方经济中心"、波兰"琥珀之路"等规划对接次第展开,逐步实现了战略对接、优势互补。中巴经济走廊交通基础设施专项规划、中国-东盟交通合作战略规划、交通运输科技合作战略等也陆续出台。《中亚区域运输与贸易便利化战略(2020)》运输走廊建设中期规划有序推进。《大湄公河次区域交通发展战略规划(2006—2015)》完成实施,初步形成该次区域九大交通走廊。随着合作发展项目的高效完成和频繁开展,促进国际合作机制不断顺畅。联合国亚洲及太平洋经济社会委员会顺利通过了《加强亚太区域内和跨区域互联互通》决议。"一带一路"沿线"构建区域民航合作新模式"倡议得到沿线国家积极响应,目前已形成航空运输政策协调机制等4个机制。"国际铁路运邮机制"成功纳入万国邮联运输组 2017—2020 年工作计划。交通运输、仓储和邮政业在"一带一路"区域在专业化分工和制度领域取得的显著成绩将显著提高产业在全球价值链中的竞争力。

其次,对我国生活性服务业在"一带一路"区域价值链中的发展对其全球价值链地位提升的影响机制进行检验,表 6-16~表 6-20 显示了中介效应检验结果,可以发现我国生活性服务业通过参与"一带一路"区域分工,主要通过需求的诱导效应和终端需求效应提高其全球价值链地位指数。这主要是由于我国生活性服务业参与"一带一路"区域价值链的方式是以向沿线各经济体提供最终产品的形式进行,对于最终服务产品的需求,会最直接和快速地通过诱导效应以及终端需求效应对我国生活性服务业全球价值链地位指数的提升产生影响。

表6-16 生活性服务业要素禀赋的中介效应检验

变量	要素禀赋									
	当因变量为我国服务业全球价值链地位指数时						当因变量为我国服务业在除"一带一路"沿线国家以外的全球价值链地位指数时			
	(1)			(2)			(1)		(2)	
	第一步	第二步	第三步	第一步	第二步	第三步	第一步	第三步	第一步	第三步
L.Y	-0.1591		0.2700	-0.3174		0.1403	0.0384	0.3653*	-0.1471	0.3264
	(-0.89)		(1.46)	(-1.21)		(0.64)	(0.17)	(1.94)	(-0.44)	(1.50)
W			0.4819***			0.4127		0.5555***		0.5409
			(4.07)			(3.09)		(5.10)		(4.70)
$gvpos_{it}$	0.5585***	-0.9145	0.8155***	0.2760***	0.4493**	0.6570**	0.3953*	0.8054***	0.1572*	0.7557***
	(3.26)	(-0.14)	(5.13)	(0.97)	(2.15)	(3.08)	(2.10)	(4.80)	(0.51)	(3.44)
sch_{it}	-0.0022	-0.2402	0.1545*	-0.0909	-0.1903*	0.0938	0.0917	0.2435***	0.0196	0.2277**
	(-0.03)	(-0.08)	(2.09)	(-0.08)	(-1.88)	(1.02)	(1.10)	(3.39)	(0.16)	(2.70)
adv_{it}	0.3720**	0.6245	-0.1159	0.7384**	0.2842	0.1118	0.1631	-0.3245*	0.4923	-0.2579
	(2.50)	(0.12)	(-0.66)	(2.54)	(1.54)	(0.41)	(0.93)	(-1.94)	(1.44)	(-1.01)

179

续表

要素禀赋

变量	当因变量为我国服务业全球价值链地位指数时						当因变量为我国服务业在除"一带一路"沿线国家以外的全球价值链地位指数时			
	(1)			(2)			(1)		(2)	
	第一步	第二步	第三步	第一步	第二步	第三步	第一步	第三步	第一步	第三步
ins_{it}	0.0000***	0.0000	0.0000	0.0000**	0.0000**	0.0000*	0.0000***	0.0000*	0.0000***	0.0000*
	(3.55)	(0.13)	(1.59)	(2.99)	(2.44)	(1.94)	(4.44)	(1.88)	(3.60)	(1.81)
mon_{it}	0.0000***	0.0000	-0.0000	0.0001**	0.0000	0.0000	0.0000**	-0.0000	0.0001**	0.0000
	(2.75)	(0.15)	(-0.30)	(2.61)	(1.00)	(0.76)	(2.83)	(-0.45)	(2.28)	(0.03)
Sobel 检验			0.1431			1.7666		0.1431		1.9570

注：①(1)列表示工具变量选取的是因变量的滞后一期，(2)列表示工具变量选取的是除自身行业以外其余行业全球价值链指数均值。

②括号内的数值为 t 值。

③***、**、*分别表示1%、5%和10%的显著性水平。

表 6-17 生活性服务业专业化分工的中介效应检验

变量	当因变量为我国服务业全球价值链地位指数时				当因变量为我国服务业在除"一带一路"沿线国家以外的全球价值链地位指数时	
	(1)		(2)		(1)	(2)
	第二步	第三步	第二步	第三步	第三步	第三步
L. Y		0.2064		0.0910	0.2340*	0.1690
		(1.39)		(0.52)	(1.98)	(1.29)
W		0.0037***		0.0033***	0.0045***	0.0043***
		(5.22)		(4.14)	(8.80)	(8.39)
$qypos_{it}$	−106.9355	0.7998***	−51.4385	0.6407***	0.8167***	0.7278***
	(−0.14)	(5.96)	(−1.78)	(3.56)	(7.59)	(5.39)
sch_{it}	20.5634	−0.0438	26.4257*	−0.0803	0.0104	−0.0097
	(0.06)	(−0.79)	(1.88)	(−1.28)	(0.24)	(−0.21)
adv_{it}	34.0871	0.0859	−6.3927	0.2891	−0.0741	0.0376
	(0.05)	(0.70)	(−0.25)	(1.50)	(−0.79)	(0.27)
ins_{it}	0.0014	−0.0000	0.0011***	0.0000	−0.0000	0.0000
	(0.23)	(−0.14)	(5.07)	(0.53)	(−0.08)	(0.41)
mon_{it}	0.0116	−0.0000	0.0000	0.0000	−0.0000	0.0000
	(0.15)	(−0.10)	(0.33)	(1.09)	(−0.40)	(0.63)
Sobel 检验		0.1398		1.6328	0.1398	1.7384

注：①(1)列表示工具变量选取的是因变量的滞后一期，(2)列表示工具变量选取的是除自身行业以外其余行业全球价值链指数均值。

②括号内的数值为 t 值。

③ * * * 、 * * 、 * 分别表示 1%、5%和10%的显著性水平。

表 6-18 生活性服务业技术溢出的中介效应检验

变量	当因变量为我国服务业全球价值链地位指数时				当因变量为我国服务业在除"一带一路"沿线国家以外的全球价值链地位指数时	
	（1）		（2）		（1）	（2）
	第二步	第三步	第二步	第三步	第三步	第三步
L.Y		−0.2250		0.0022	0.5655	0.6223
		（−0.58）		（0.00）	（1.41）	（0.96）
W		0.0084		0.0099	0.0175 *	0.0166
		（0.97）		（0.75）	（2.11）	（1.23）
qypos$_{it}$	8.7262	0.4795	6.8750	−0.0782	−0.0957	−0.5981
	（0.98）	（1.34）	（0.56）	（−0.11）	（−0.31）	（−0.96）
sch$_{it}$	3.3101	−0.0377	2.8671	−0.1334	0.0061	−0.1069
	（0.90）	（−0.41）	（0.68）	（−0.85）	（0.06）	（−0.60）
adv$_{it}$	−19.4163 **	0.6265 **	−18.1733 *	0.8201 *	0.2995	0.5800
	（−2.79）	（2.58）	（−2.02）	（2.07）	（1.09）	（1.19）
ins$_{it}$	0.0002 ***	0.0000	0.0002 **	0.0000	0.0000	0.0000
	（3.23）	（1.32）	（2.89）	（1.33）	（1.34）	（1.32）
mon$_{it}$	−0.0009	0.0001 **	−0.0006	0.0001 *	0.0001 **	0.0001 *
	（−1.14）	（2.46）	（−0.41）	（1.95）	（3.22）	（2.27）
Sobel 检验		0.6885		0.4486	0.8901	0.5096

注：①（1）列表示工具变量选取的是因变量的滞后一期，（2）列表示工具变量选取的是除自身行业以外其余行业全球价值链指数均值。

②括号内的数值为 t 值。

③ ＊＊＊ 、＊＊ 、＊ 分别表示 1%、5% 和 10% 的显著性水平。

表 6-19 生活性服务业制度因素的中介效应检验

变量	当因变量为我国服务业全球价值链地位指数时				当因变量为我国服务业在除"一带一路"沿线国家以外的全球价值链地位指数时	
	(1)		(2)		(1)	(2)
	第二步	第三步	第二步	第三步	第三步	第三步
L.Y		-0.0327*		-0.0264	-0.0928	-0.0422
		(-1.98)		(-1.33)	(-1.00)	(-0.38)
W		-0.0085***		0.0086	-0.0101***	-0.0106
		(-48.10)		(37.93)	(-11.28)	(-9.75)
$qypos_{it}$	-58.8185	0.0038	-78.4008***	0.0072	-0.1579	-0.1142
	(-0.18)	(0.20)	(-4.28)	(0.34)	(-1.74)	(-1.08)
sch_{it}	0.0249	0.0100	-0.2849	0.0129	0.0845**	0.1066**
	(0.00)	(1.48)	(-0.03)	(1.54)	(2.49)	(2.55)
adv_{it}	-37.2176	0.0002	-24.9527**	-0.0151	-0.1553*	-0.2755*
	(-0.14)	(0.01)	(-1.54)	(-0.53)	(-2.04)	(-2.00)
ins_{it}	-0.0005	0.0000	-0.0004**	0.0000	0.0000	0.0000
	(-0.20)	(0.85)	(-2.79)	(2.26)	(1.29)	(0.32)
mon_{it}	-0.0050	-0.0000	0.0001	-0.0000	0.0000	-0.0000
	(-0.15)	(-0.21)	(1.19)	(-0.67)	(0.16)	(-0.87)
Sobel 检验		0.1782		4.2517	0.1782	3.9182

注：①(1)列表示工具变量选取的是因变量的滞后一期，(2)列表示工具变量选取的是除自身行业以外其余行业全球价值链指数均值。

②括号内的数值为 t 值。

③***、**、*分别表示1%、5%和10%的显著性水平。

表 6-20 生活性服务业需求因素的中介效应检验

变量	当因变量为我国服务业全球价值链地位指数时				当因变量为我国服务业在除"一带一路"沿线国家以外的全球价值链地位指数时	
	(1)		(2)		(1)	(2)
	第二步	第三步	第二步	第三步	第三步	第三步
L.Y		-0.3160		-0.3603	-0.0856	-0.1647
		(-1.52)		(-1.35)	(-0.30)	(-0.45)
W		0.0045*		0.0019*	0.0028*	0.0006*
		(1.71)		(0.50)	(0.86)	(0.14)
$qypos_{it}$	33.94696*	0.4733**	1.3624*	0.2628*	0.3371	0.1571
	(0.09)	(2.55)	(0.05)	(1.03)	(1.57)	(0.49)
sch_{it}	1.0460*	-0.0219	-6.2422	-0.0857	0.0817	0.0213
	(0.01)	(-0.28)	(-0.48)	(-0.78)	(0.89)	(0.17)
adv_{it}	-11.8851	0.4937**	17.9535	0.7344**	0.2499	0.4938
	(-0.04)	(2.89)	(0.77)	(2.26)	(1.16)	(1.40)
ins_{it}	-0.0003	0.0000***	-0.0001	0.0000**	0.0000***	0.0000***
	(-0.09)	(3.80)	(-0.69)	(3.12)	(3.95)	(3.29)
mon_{it}	-0.0055	0.0001**	-0.0002*	0.0001**	0.0001**	0.0001*
	(-0.15)	(3.10)	(-1.18)	(2.75)	(2.44)	(2.18)
Sobel 检验		0.0940*		0.0511*	0.0936*	0.0481*

注：①(1)列表示工具变量选取的是因变量的滞后一期，(2)列表示工具变量选取的是除自身行业以外其余行业全球价值链指数均值。

②括号内的数值为 t 值。

③ ***、**、*分别表示1%、5%和10%的显著性水平。

具体来看，在餐饮领域，我国行业综合实力、产业规模以及产品种类在"一带一路"区域广大市场需求的带动下将取得长足的发展。"一带一路"区域沿线国家对我国餐饮业强大的带动作用来源于倡议覆盖区域广泛，涉及人口 44 亿人，经济总量约 21 万亿美元，两者分别约占全球的 63% 和 29%，市场潜力巨大。① 另外，虽然"一带一路"沿线国家的餐饮业发展水平和饮食文化与我国差异较大，但仍有诸多地区的饮食习惯与我国八大菜系及少数民族的餐饮习俗高度相似。如中亚、西亚地区，其伊斯兰教饮食习俗与新疆维吾尔族及宁夏、甘肃地区的回族民众饮食习惯共通点比较多。因此，我国餐饮业多样性的烹调技术和源远流长的饮食文化为餐饮企业在"一带一路"沿线国家的发展提供了有力的市场准入保障。② 我国餐饮业通过在"一带一路"区域中的发展最终会获得综合实力的提升、产业规模的扩大和产品种类的日益多样化，将为我国餐饮业向全球价值链高端攀升提供助力。

在住宿领域，"一带一路"沿线区域的需求市场为我国旅游业释放巨大发展潜力提供了空间，大批来自"一带一路"沿线的游客带动了我国旅游住宿业的发展。"一带一路"倡议涉及我国部分沿海地区、东北 3 省、西北 6 省以及西南地区，丰富的人文和自然景观吸引了大量外籍游客。据携程《2017"一带一路"住宿经济分享报告》中公布的数据显示，2016 年我国累计接待入境的外籍游客数量超过 700 万人次，其中来自"一带一路"所覆盖的境外国家的外籍游客数量突破 300 万人次，较 2015 年全年增长超过 50%。巨大的旅游需求不仅带动了我国旅游住宿业的发展，而且还进一步带动了餐饮产业的发展。我国住宿餐饮业在"一带一路"区域价值链中的发展成熟为其在全球价值链中的高质量发展奠定了良好的基础。

和住宿餐饮业一起共同构成社会消费品零售的批发零售业也在"一带一路"沿线区域巨大的需求市场带动下实现了发展。社会消费品零售总额

---

① http://www.chinanews.com/cj/2014/10-21/6699000.shtml.

② 王琪."一带一路"战略下中国餐饮行业的发展[J].广西民族师范学院学报，2017(6)：68-69.

能够直接反映市场的需求状况。2001 年"一带一路"中国沿线区域的社会消费品零售总额为 20401 亿元，到 2015 年社会消费品零售总额高达 131750 亿元，年平均增长率为 14%。① 在"一带一路"沿线区域日益增加的需求的带动下，我国批发零售业对资源的利用效率将获得显著提升，产业增长模式也会发生转变，实现产业升级并向全球价值链高端迈进。

另外，虽然世界投入产出表中我国房地产行业数据缺失，但是现实中我国在房地产领域同样在"一带一路"沿线区域巨大的需求下不断增强其在全球价值链中的竞争能力。"一带一路"沿线大部分国家正在经历城镇化的快速发展过程，根据牛津经济研究院预测结果显示，随着在南亚、中亚及东盟国家农村居住的人们不断向大城市移动，预计到 2021 年以上三个区域的城镇化率将分别达 35%、41%和 54%。② 这一人口流动趋势将导致各类房地产物业建设大幅增长，到 2021 年南亚 7 国(不含印度)的年住房需求量将达 1.64 亿平方米，东盟 10 国和中亚 5 国未来 5 年每年的住房需求将分别达 3.4 亿平方米和 2812 万平方米。③ 面对"一带一路"区域庞大的需求，我国众多房地产服务企业积极抓住发展商机，通过在该地域的发展实现了产业在土地开发、综合配套、大型居住区建设、房地产管理、成本管理、发展速度等方面成熟经验和质的提高，这些将使我国房地产业在全球价值链中更加具有竞争优势。

最后，对公共服务业在"一带一路"区域价值链中的发展对其全球价值链地位提升的影响机理进行检验，表 6-21～表 6-25 为中介效应检验结果，发现我国公共服务业参与"一带一路"区域分工主要通过要素禀赋、技术和制度因素对我国服务业全球价值链地位的提升产生影响。

---

① 汪丹."一带一路"中国沿线区域商贸流通业效率的研究[D].重庆：重庆工商大学，2017：20.

② "一带一路"扬帆起航：续写丝路新篇章[R].戴德梁行，2018：50.

③ "一带一路"扬帆起航：续写丝路新篇章[R].戴德梁行，2018：50.

表6-21 公共服务业要素禀赋的中介效应检验

变量	要素禀赋									
	当因变量为我国服务业全球价值链地位指数时						当因变量为我国服务业在除"一带一路"沿线国家以外的全球价值链地位指数时			
	(1)			(2)			(1)		(2)	
	第一步	第二步	第三步	第一步	第二步	第三步	第一步	第三步	第一步	第三步
$L.Y$	0.4568***	1.1147**	0.4008***	0.2783**		0.1718	0.4554***	0.3147**	0.4603***	0.3197**
	(3.86)	(2.15)	(3.12)	(2.10)		(1.16)	(4.08)	(2.49)	(4.08)	(2.52)
W			0.0075			0.0110		0.0106**		0.0106**
			(1.05)			(-1.59)		(2.15)		(2.16)
$qypos_{it}$	0.1605***		0.1547***	0.3462***	1.1809*	0.2892***	0.2108***	0.2027***	0.2082***	0.2000***
	(2.94)		(3.06)	(3.33)	(1.50)	(3.65)	(2.89)	(3.52)	(2.84)	(3.47)
sch_{it}	-0.0277	-2.6825***	-0.0615	-0.0551	-3.7040***	-0.1228	0.0424	-0.0141	0.0479	-0.0083
	(-0.37)	(-3.52)	(-0.77)	(-0.65)	(-4.79)	(-1.31)	(0.82)	(-0.25)	(0.87)	(-0.14)
adv_{it}	-0.0508	10.8307***	0.0509	-0.1166	11.2826***	0.0250	-0.0138	0.1448	-0.0194	0.1391
	(-0.36)	(7.20)	(0.30)	(-0.86)	(8.42)	(0.16)	(-0.15)	(1.23)	(-0.20)	(1.17)

续表

变量	当因变量为我国服务业全球价值链地位指数时 要素禀赋						当因变量为我国服务业在除"一带一路"沿线国家以外的全球价值链地位指数时			
	(1)			(2)			(1)		(2)	
	第一步	第二步	第三步	第一步	第二步	第三步	第一步	第三步	第一步	第三步
ins_{it}	0.0000***	0.0002***	0.0000***	0.0000***	0.0002**	0.0000***	0.0000***	0.0000***	0.0000***	0.0000***
	(3.29)	(10.39)	(3.14)	(3.75)	(10.58)	(3.88)	(3.93)	(4.39)	(3.76)	(4.29)
mon_{it}	-0.0000	-0.0000	-0.0000	-0.0000	-0.0000	-0.0000	-0.0000	-0.0000	-0.0000	-0.0000
	(-0.57)	(-0.55)	(-0.62)	(-1.17)	(-0.54)	(-1.21)	(-0.18)	(-0.20)	(-0.17)	(-0.18)
Sobel 检验			0.9399*			1.0934*		1.5207*		1.3293*

注：①(1)列表示工具变量选取的是因变量的滞后一期，(2)列表示工具变量选取的是取自身行业以外其余行业全球价值链指数均值。
②括号内的数值为 t 值。
③***，**，* 分别表示 1%，5% 和 10% 的显著性水平。

188

表 6-22 公共服务业专业化分工的中介效应检验

变量	当因变量为我国服务业全球价值链地位指数时				当因变量为我国服务业在除"一带一路"沿线国家以外的全球价值链地位指数时	
	（1）		（2）		（1）	（2）
	第二步	第三步	第二步	第三步	第三步	第三步
L.Y		0.3553***		0.0766	0.2645**	0.2609**
		(2.92)		(0.54)	(2.29)	(2.22)
W		0.0003**		0.0004***	0.0003***	0.0003***
		(2.20)		(3.13)	(3.54)	(3.53)
qypos$_{it}$	0.9962	0.1824***	−1.2579	0.4495***	0.2944***	0.2962***
	(0.04)	(3.45)	(−0.02)	(4.29)	(4.17)	(4.14)
sch$_{it}$	−75.2633*	−0.0298	−37.3565	−0.0856	0.0418	0.0391
	(−1.86)	(−0.42)	(−0.75)	(−1.05)	(0.88)	(0.78)
adv$_{it}$	−82.8728***	0.2337	−80.4104***	0.2565	0.2891**	0.2938**
	(−10.24)	(1.25)	(−9.39)	(1.46)	(2.37)	(2.35)
ins$_{it}$	0.0101***	0.0000	0.0095***	0.0000***	0.0000***	0.0000***
	(11.61)	(1.48)	(8.74)	(2.70)	(2.91)	(2.89)
mon$_{it}$	−0.0000	−0.0000	0.0000*	−0.0000	−0.0000	−0.0000
	(−0.69)	(−0.46)	(1.68)	(−1.17)	(−0.03)	(−0.04)
Sobel 检验		0.0360		−0.0250	0.0360	−0.0250

注：①（1）列表示工具变量选取的是因变量的滞后一期，（2）列表示工具变量选取的是除自身行业以外其余行业全球价值链指数均值。

②括号内的数值为 t 值。

③ ***、**、* 分别表示 1%、5% 和 10% 的显著性水平。

表 6-23　公共服务业技术外溢的中介效应检验

变量	当因变量为我国服务业全球价值链地位指数时				当因变量为我国服务业在除"一带一路"沿线国家以外的全球价值链地位指数时	
	（1）		（2）		（1）	（2）
	第二步	第三步	第二步	第三步	第三步	第三步
L. Y		0.3337***		0.2227	0.4169***	0.4169***
		(2.72)		(1.63)	(3.35)	(3.35)
W		0.0004		−0.0004	0.0001	0.0001
		(1.07)		(−0.87)	(0.15)	(0.15)
$qypos_{it}$	3.1246*	0.1509***	70.1377**	0.2478**	0.1554*	0.1554*
	(0.21)	(2.79)	(2.49)	(2.17)	(1.77)	(1.77)
sch_{it}	82.0148***	−0.0227	10.2755***	−0.0137	0.0457	0.0457
	(3.85)	(−0.27)	(4.13)	(−0.14)	(0.65)	(0.65)
adv_{it}	14.4287	−0.0994	33.2812	−0.1434	−0.0573	−0.0573
	(0.30)	(−0.60)	(0.63)	(−0.93)	(−0.48)	(−0.48)
ins_{it}	0.0011**	0.0000***	0.0001	0.0000***	0.0000***	0.0000***
	(2.44)	(4.31)	(0.15)	(4.08)	(3.80)	(3.80)
mon_{it}	0.0000	−0.0000	0.0000	−0.0000	0.0000	0.0000
	(0.78)	(−0.23)	(0.72)	(−0.82)	(0.11)	(0.11)
Sobel 检验		−0.2097*		0.8247*	0.1536*	0.1249*

注：①（1）列表示工具变量选取的是因变量的滞后一期，（2）列表示工具变量选取的是除自身行业以外其余行业全球价值链指数均值。

②括号内的数值为 t 值。

③***、**、* 分别表示 1%、5% 和 10% 的显著性水平。

表 6-24　公共服务业制度因素的中介效应检验

变量	当因变量为我国服务业全球价值链地位指数时				当因变量为我国服务业在除"一带一路"沿线国家以外的全球价值链地位指数时	
	（1）		（2）		（1）	（2）
	第二步	第三步	第二步	第三步	第三步	第三步
L. Y		−0.0144		0.0156	0.2780***	0.2864***
		(−0.71)		(0.57)	(3.46)	(3.52)
W		0.0082***		0.0084***	0.0051***	0.0051***
		(45.90)		(35.60)	(8.82)	(8.81)
$qypos_{it}$	20.6273***	0.0803***	51.6610***	0.0233	0.0150	0.0093
	(3.40)	(9.71)	(3.74)	(1.04)	(0.27)	(0.17)
sch_{it}	19.4027**	0.0119	14.1000	0.0432**	0.1175***	0.1281***
	(2.18)	(1.08)	(1.04)	(2.56)	(3.15)	(3.23)
adv_{it}	−32.3088*	−0.1033***	−15.0243	−0.1010***	0.0262	0.0159
	(−1.84)	(−4.88)	(−0.64)	(−3.79)	(0.39)	(0.23)
ins_{it}	−0.0008***	0.0000***	−0.0011***	0.0000	0.0000	0.0000
	(−4.70)	(4.97)	(−3.60)	(0.34)	(0.91)	(0.70)
mon_{it}	0.0000	0.0000	−0.0000	0.0000	0.0000	0.0000
	(0.28)	(0.49)	(−1.55)	(0.53)	(1.42)	(1.46)
Sobel 检验		3.3926***		3.7235***	3.1741***	3.4456***

注：①（1）列表示工具变量选取的是因变量的滞后一期，（2）列表示工具变量选取的是除自身行业以外其余行业全球价值链指数均值。

②括号内的数值为 t 值。

③ ***、**、* 分别表示 1%、5% 和 10% 的显著性水平。

表 6-25 公共服务业需求因素的中介效应检验

变量	当因变量为我国服务业全球价值链地位指数时				当因变量为我国服务业在除"一带一路"沿线国家以外的全球价值链地位指数时	
	(1)		(2)		(1)	(2)
	第二步	第三步	第二步	第三步	第三步	第三步
L. Y		0.4833***		0.3046**	0.4892***	0.4926***
		(3.76)		(2.16)	(4.23)	(4.23)
W		0.0003		0.0005	0.0006*	0.0006*
		(0.61)		(1.11)	(1.94)	(1.93)
$qypos_{it}$	−0.0511	0.1548**	−64.0703	0.3640***	0.2323***	0.2303***
	(−0.00)	(2.74)	(−2.08)	(3.31)	(3.08)	(3.03)
sch_{it}	22.1401	−0.0271	32.8767	−0.0664	0.0220	0.0262
	(0.87)	(−0.36)	(1.08)	(−0.75)	(0.41)	(0.46)
adv_{it}	−0.1403	−0.0608	27.5161	−0.1392	−0.0554	−0.0593
	(−0.00)	(−0.41)	(0.52)	(−0.98)	(−0.56)	(−0.59)
ins_{it}	−0.0003	0.0000***	−0.0012*	0.0000***	0.0000***	0.0000***
	(−0.61)	(3.19)	(−1.78)	(3.71)	(4.09)	(3.93)
mon_{it}	0.0000	−0.0000	−0.0000	−0.0000	−0.0000	−0.0000
	(0.57)	(−0.62)	(−0.00)	(−1.23)	(−0.41)	(−0.40)
Sobel 检验		−0.0029		−0.9766	−0.0029	−1.4145

注：①(1)列表示工具变量选取的是因变量的滞后一期，(2)列表示工具变量选取的是除自身行业以外其余行业全球价值链指数均值。

②括号内的数值为 t 值。

③***、**、*分别表示 1%、5% 和 10% 的显著性水平。

通过要素禀赋的影响路径具体体现在我国通过与"一带一路"沿线国家在其具有比较优势的公共服务行业上进行交流与合作,实现彼此间高素质要素的交流和学习,进而提高我国公共服务业的服务水平和质量,具备了向全球价值链高端攀升的条件。以重要的公共服务业之一教育行业为例,被称为"创业国家"的以色列因其优质的高等教育体系而广受赞誉,其教育事业的飞速发展得益于社会的高度重视,这种重视教育的文化起源于3000多年前高度重视教育和学习的犹太文化。发展至2012年,以色列国民受教育程度在经济合作与发展组织(OECD)成员体中位列第二,该国25~64岁并且受过高等教育的人口占该年龄段人口总数的46%,远超OECD成员体的平均值,2014年这一比例更是进一步提升。① 以色列为进一步促进东亚国际学术合作,在2012—2013学年出台相关策略,开始加强与我国和印度发展学术关系的计划,该学年吸引了来自我国和印度约450名学生及博士后研究员进入以色列的相关院校。② 至今,以色列与上述国家间的学术合作不断开展并深化。从以色列国家教育行业的实例中可以看出,我国公共服务业在"一带一路"沿线区域通过高素质要素跨国界流动和交流,提升了行业在全球价值链中的国际竞争力。

在技术溢出方面,诸多国家在公共服务业的某些领域具有各自的比较优势,如以色列的公共卫生事业以及医疗器械研发领域成绩尤为突出,从激光技术到外科设备,均取得突破性研发成果,数字医疗/医疗信息化领域更是在世界名列前茅。新加坡医疗保健产业也高度发达,是亚洲地区的医疗旅游目的地之一。新加坡拥有成熟的生物医药产业集群,境内约50家制药企业中有80%以上为全球顶级生物制药公司。③ 随着我国公共服务业深入地参与"一带一路"区域分工,通过广泛的交流和合作,我国从中获取

---

① 张倩红.以色列蓝皮书:以色列发展报告[M].北京:社会科学文献出版社,2017:15.

② 刘进,闫晓敏,等."一带一路"沿线国家的高等教育现状与发展趋势研究(一)——基于以色列与阿富汗教育工作者的访谈[J].世界教育信息,2018(5):24.

③ 郑延巍.解密"一带一路"大健康产业投资[J].新理财,2018(1):22.

了"一带一路"沿线各国较为成熟的技术成果，在节省大量资金投入的情况下快速将技术应用于服务产品生产过程，显著提高生产效率和服务质量，增强了我国公共服务业在国际市场上的竞争力。

我国公共服务业在参与"一带一路"区域分工过程中，也通过制度因素向全球价值链地位指数传导积极影响。相关部门出台一系列政策，积极促进我国与"一带一路"沿线国家在教育领域的合作，《推进共建"一带一路"教育行动》作为《关于做好新时期教育对外开放工作的若干意见》的配套文件，作为国家《推动共建"一带一路"愿景与行动》在教育领域的落实方案，将为从教育领域推进"一带一路"建设提供支撑。水利行业也积极落实国家"走出去"战略和"一带一路"倡议，水利部门编制了《水利部贯彻落实〈丝绸之路经济带和21世纪海上丝绸之路建设战略规划〉实施方案》，为指导水利推进"一带一路"建设提供了顶层设计；2016年3月出台《水利部落实共同推进"一带一路"建设合作谅解备忘录3年工作安排方案》，确定了未来3年与沿线13个国家开展合作的工作计划和进度安排；我国还与"一带一路"沿线20个国家签署了水资源领域的合作协议或谅解备忘录①，积极推进与沿线国家在水利领域的政策对话、技术分享、工程技术援助以及项目合作，为水利行业"走出去"搭建了良好的政府间交流与合作的平台。制度方面的改革促进了我国公共服务业深度开放以及健康发展，以水利行业为例，"走出去"指引及鼓励政策成效显著，目前我国水利"走出去"的模式已发展成为国际总承包，主要的工作内容涵盖了工程施工、咨询、规划、勘测设计、成套设备、人才、技术标准、工程施工等各领域②。我国公共服务业在"一带一路"区域价值链中通过制度的不断革新，促成了产业深度开放格局的形成，为我国公共服务业在全球价值链中的发展提供动力。

---

①　http://www.waterinfo.com.cn/.
②　吴浓娣，王建平，等.中国水利"走出去"的成效与机遇——水利贯彻落实"一带一路"战略系列研究之一[J].水利发展研究，2017(11)：82-84.

6.3　本章小结

　　本章节应用系统 GMM 方法对前文关于我国服务业在"一带一路"区域价值链中的发展对其全球价值链地位指数具有促进作用这一理论推导结果进行了实证检验，并且通过中介效应分析方法对影响机制进行验证。通过实证分析，本书认为，我国服务业在"一带一路"区域价值链中的发展确实会对其全球价值链地位指数有显著的正向影响，并且这种影响是十分稳定的。除此之外，服务出口产品中生产性服务中间品的投入、我国服务出口产品中国内增加值贡献程度以及基础建设完善程度均会正向影响我国服务业在全球价值链中的地位指数。通过中介效应分析结果可知，我国服务业在"一带一路"区域价值链中的发展会通过要素禀赋、专业化分工、技术外溢和制度因素对其全球价值链地位指数产生积极影响，其中生产性服务业主要通过专业化分工和制度因素将积极的效应传导至全球价值链，生活性服务业通过需求因素传导，公共服务业则通过要素禀赋、技术外溢以及制度因素传导。

7 研究结论与对策建议

7.1 研究结论

在发达国家和服务大国主导下的全球价值链中，我国服务业处于被支配地位，碍于自身发展存在缺陷，产业发展水平与发达国家和服务大国相差甚远，世界经济发展缓慢以及"逆全球化"盛行，我国服务业试图单纯通过参与全球价值链，在短时间内实现地位的攀升，进而带动国内经济增长极为困难。"一带一路"倡议的提出为我国服务业在全球价值链中实现高质量发展提供了新的思路。我国服务业在"一带一路"区域价值链中拥有良好的发展基础，正在以相对领导者的身份掌控区域价值链的走向，同时"一带一路"沿线区域良好的发展前景使得我国服务业在"一带一路"区域价值链中的发展空间巨大。因此本书在相关理论和学术成果的指导下，通过将理论和实证分析相结合的方式，证实了我国服务业在"一带一路"区域价值链中的发展会带动其全球价值链地位的提升。除此之外，服务出口产品中生产性服务中间品投入的增加、服务出口产品中国内增加值贡献率的提升和基础设施的日益完善，均会显著推动我国服务业向全球价值链高附加值位置攀升。通过中介效应分析方法，发现我国服务业在"一带一路"区域价值链中的发展，促使自身要素结构不断完善，专业化分工程度加深，技术水平显著提升，制度改革使得对外开放程度更加深化，最终助力我国服务业向全球价值链高端迈进。其中，我国生产性服务业在"一带一路"区域价值链中的发展主要通过生产效率的提高和制度改革促进的深度开放局面的形成将积极的效应传导至全球价值链，生活性服务业通过需求的诱导效应和终端需求效应传导，公共服务业则通过要素禀赋、技术和制度因素进行传导。

7.2 对策建议

根据上文研究分析得出的结论，为实现我国服务业在全球价值链中地位的显著提升，本书提出如下对策建议。

第一，继续推进我国服务业在"一带一路"区域价值链深化发展进程。我国服务业应在充分了解和随时掌握"一带一路"沿线各国经济社会发展状况的情况下，深入参与"一带一路"区域分工。具体来说，现有的已经实现深层次合作的行业应在良好发展现状的基础上进一步通过促进资源流动、外包非核心的生产环节等方式实现服务产品多元化、产品生产高效率以及产业高竞争力的目标，从根本上缩小我国服务业与发达国家和服务大国之间的差距，达到向全球价值链更高端攀升的效果。而目前没有实现深度合作的行业应着重调整并扩大开放程度，改变国有资本操控和主导的局面，使其接受来自"一带一路"沿线各国家同类行业的竞争，并在"一带一路"沿线区域这一市场环境下实现资源的合理配置，达到资源利用效率最大化的效果，提高整体生产效率和国际竞争力，最终使我国服务业全球价值链地位指数实现质的飞跃。

第二，提升生产性服务中间品投入对我国服务业全球价值链地位指数的促进作用。生产性服务业所具有的高技术含量和高附加值特点将大大提升我国服务业向高附加值领域移动的能力。但是，通过笔者既往的研究发现，我国服务业出口产品中虽然生产性服务业投入总量在增加，但其占比情况仍不乐观，且生产性服务投入中更多的来自我国，国外生产性服务业投入比例十分微小，这种情况严重制约了我国服务业向全球价值链高附加值位置迈进的步伐。我国应增加生产性服务业的有效供给，提高服务品中生产性服务产品投入的绝对量和占比，提升生产性服务中间品的供给质

量，形成以技术、品牌、服务为核心的比较优势，推动我国服务业向高端
化、品质化方向转型升级。加快生产性服务业集聚化发展，推进集聚区实
现规模经济效益，助力我国使用生产性服务中间品的服务业共享产业集聚
带来的好处。加快培育新型行业和新型业态，壮大生产性服务产业规模的
同时，培育生产性服务业的竞争新优势，增加我国服务产品中国内增加值
的投入比例。鼓励国外生产性服务中间品流入，通过对国外生产性服务中
间品中包含的核心技术进行学习，实现我国服务业技术水平的跨越式提
升，为向全球价值链高端攀升培育核心竞争力。

　　第三，提高服务业科技水平和自主研发创新能力。从本书的理论推导
和实证检验结果可以看出，服务业自身所具有的技术水平和科研能力将通
过直接或间接的方式对其在全球价值链中的地位提升产生显著的正向影
响。但是就我国服务业目前的发展情况看，无论是现有的科技成果方面，
还是自主研发能力方面均较弱，落后的科技水平和薄弱的自主创新能力制
约了我国服务业向全球价值链的高端攀升。因此，我国服务业发展的当务
之急应是抓住全球化发展机遇，在同世界各经济体进行分工的过程中积极
学习、吸收并效仿不同国家在各自具有比较优势的生产领域中的高水平和
成熟的核心技术成果，在此基础上加以改进和创新转化成自身的比较优
势，这种方式不仅缩短了整体的研发时间，还节省了初始阶段大量的研发
资金投入，为我国服务业在全球价值链中迅速实现技术水平的飞跃创造了
条件；在吸收各国核心生产能力的同时，我国服务业还应注意对自主研发
创新能力的培养和提高，这主要是因为虽然我国可以通过参与国际分工的
形式获取各国的科技成果，但各经济体为了维持自身在全球价值链中的地
位，不会轻易透露或让我国获取核心技术。因此，自身研发能力的提高才
是我国服务业整体实力提升的核心要素。一方面，从事服务业的企业可以
借助加大科研资金投入力度、制定相关企业制度等手段提高企业重视研发
的意识，为科技研发提供充足的资金储备；另一方面，企业可以通过从国
内外引进高素质人才的方式优化企业内部现有的研发人员结构，提高企业
自主研发能力的同时提升将科研成果转化成生产力的能力；另外，在现有

高校中成立针对服务贸易研究的相关专业，增设与服务贸易相关的课程，本着将现代信息技术与贸易相融合的理念，完善课程体系，政府、学校和企业更注重在服务人才培养上协同合作，建立高效的人才培养机制。

第四，进一步完善基础设施网络。在我国东部地区努力打造和完善服务业企业参与国际分工的网络配套环境。为参与国际分工的服务业企业构建官方信息网络平台，网页中及时并准确地公布世界其他国家经济社会发展的动态环境，以及这些国家关于服务贸易的政策倾向信息，使从事服务贸易的企业能够准确了解贸易对象国相关国情，为提高应对风险的能力提供精确的信息预警，降低由于信息不对称造成贸易失败事件的发生。同时，网页为服务业务需求方和供应方提供公示平台和交流途径，以便我国服务业企业根据自身需求选择合适的合作伙伴，并进行及时有效的沟通，提高成功参与国际分工的概率。在我国中西部地区努力构建和完善交通运输网络，加强铁路、公路和航空线路建设，通达的交通运输网络能够使我国中西部地区的服务业接触到更广阔的需求市场，同时运输成本的下降将进一步提升中西部地区服务业的发展。我国东中西部服务业平衡发展必然促进服务业整体向价值链高端迈进。

除此之外，国内相关政策体系也要与我国服务业发展进程配套式发展。我国政府应通过出台政策和优惠措施的方式对服务业进行一系列"简政放权"的改革，鼓励知识和技术密集型服务产业的发展，引导服务业向高标准、数字化、智能化和融合化方向迈进，加速产业转型升级。

参 考 文 献

[1] 柴斌锋，杨高举. 高技术产业全球价值链与国内价值链的互动——基于非竞争型投入占用产出模型的分析[J]. 科学学研究，2011(4)：533-540.

[2] 陈虹，韦鑫，余珮. TTIP对中国经济影响的前瞻性研究——基于可计算一般均衡模型的模拟分析[J]. 国际贸易问题，2013(12)：79-86.

[3] 崔岩，臧新，张秀珍. 工业行业中服务外包与制造外包影响因素的比较——基于中国为发包国的实证研究[J]. 财贸经济，2013(12)：117-125.

[4] 陈雷. HPG公司海外市场开拓研究[D]. 杭州：浙江工业大学，2014.

[5] 蔡松锋，张亚雄. 跨大西洋贸易与投资伙伴协议(TTIP)对金砖国家经济影响分析——基于含全球价值链模块的动态GTAP模型[J]. 世界经济研究，2015(8)：79-87.

[6] 程大中. 中国参与全球价值链分工的程度及演变趋势——基于跨国投入—产出分析[J]. 经济研究，2015(9)：4-16，99.

[7] 柴静玉. 基于增加值贸易的中国服务业全球价值链国际分工地位探讨[J]. 商业经济研究，2016(2)：131-133.

[8] 陈华. "一带一路"战略下金融对外开放新格局[J]. 南方金融，2016(2)：47-52.

[9] 陈东升. "一带一路"背景下中国-东盟教育交流与合作研究——基于国际服务贸易的视角[J]. 东南亚纵横，2017(3)：40-45.

[10] 陈丽娴，沈鸿. 制造业服务化如何影响企业绩效和要素结构——基于

上市公司数据的 PSM-DID 实证分析[J]. 经济学动态, 2017(5):
64-77.

[11]程倩."一带一路"背景下我国旅游服务贸易的发展[J]. 现代经济信息, 2017(10): 140.

[12]陈淑梅. 后 TPP 时代规则对亚太区域价值链的影响研究——劳工标准视角的探讨[J]. 太平洋学报, 2017(11): 92-101.

[13]陈健, 陈苔菁, 赵迪. 中国服务业是如何参与全球价值链分工体系的? ——增加值平均传递步长角度的考察[J]. 东南大学学报(哲学社会科学版), 2018(1): 69-77, 137.

[14]陈健, 龚晓莺. 中国产业主导的"一带一路"区域价值链构建研究[J]. 财经问题研究, 2018(1): 43-49.

[15]白琦瑶, 侯胜田, 袁剑, 等."一带一路"战略下中医药服务贸易的发展机遇与对策[J]. 世界中医药, 2018(2): 488-491.

[16]陈明, 李文秀. 生产服务业开放对中国农业生产率的影响[J]. 华南农业大学学报(社会科学版), 2018(5): 12-23.

[17]戴翔, 张二震. 服务业开放的国际分工地位提升效应——基于江苏数据的实证分析[J]. 江苏行政学院学报, 2015(1): 45-51.

[18]邓远秀. 世界贸易投资规则重构与中国开放型经济的升级建设[J]. 改革与战略, 2016(10): 151-155.

[19]邓欣禾, 徐铭遥. 我国服务业对"一带一路"国家的产业支撑与发展地位研究——基于复杂网络分析方法[J]. 商业经济研究, 2017(13): 160-162.

[20]杜运苏, 彭冬冬. 制造业服务化与全球增加值贸易网络地位提升——基于 2000—2014 年世界投入产出表[J]. 财贸经济, 2018(2): 102-117.

[21]鄂丽丽. 服务外包竞争力影响因素研究: 基于中国的分析[J]. 经济问题探索, 2008(3): 151-166.

[22]樊茂清, 黄薇. 基于全球价值链分解的中国贸易产业结构演进研

究[J]. 世界经济, 2014(2): 50-70.

[23]顾乃华, 夏杰长. 对外贸易与制造业投入服务化的经济效应——基于2007年投入产出表的实证研究[J]. 社会科学研究, 2010(5): 17-21.

[24]盖新哲. 服务业开放与中国全球价值链地位提升[D]. 北京: 对外经济贸易大学, 2015.

[25]郭磊. 重新审视国际服务贸易协定(TISA)谈判及中国的应对之策[J]. 对外经贸实务, 2017(2): 45-48.

[26]郭沛, 秦晋霞. 价值链长度对工资差距的影响——基于世界投入产出数据库的实证研究[N]. 东北师大学报(哲学社会科学版), 2017(6): 74-79.

[27]郭沛, 寿光旭. 服务投入对中国货物贸易行业价值链长度的影响——基于WIOD数据的实证研究[J]. 现代财经, 2017(11): 14-25.

[28]胡昭玲, 王洋. 中国承接服务外包的影响因素分析[J]. 国际经贸探索, 2010(2): 68-72.

[29]霍景东, 夏杰长. 离岸服务外包的影响因素: 理论模型、实证研究与政策建议——基于20国面板数据的分析[J]. 财贸经济, 2013(1): 119-127.

[30]韩永辉, 罗晓斐, 邹建华. 中国与西亚地区贸易合作的竞争性和互补性研究——以"一带一路"战略为背景[J]. 世界经济研究, 2015(3): 89-98.

[31]黄鹤. 中国承接离岸服务外包影响因素研究[J]. 改革与战略, 2017(2): 147-150.

[32]胡艳英, 楼尔基. 互联互通对中国服务贸易出口的影响——基于"一带一路"沿线50个国家面板数据的实证分析[J]. 价格月刊, 2018(4): 74-79.

[33]胡慧. "一带一路"倡议背景下我国教育服务贸易发展的思考[J]. 企业科技与发展, 2018(5): 57-58.

[34]鞠建东, 余心玎. 全球价值链上的中国角色——基于中国行业上游度

和海关数据的研究[J]. 南开经济研究, 2014(3): 39-52.

[35]井乐. "一带一路"背景下我国旅游服务贸易的发展之路[J]. 改革与战略, 2017(7): 172-174.

[36]李艳芝. 离岸服务外包区位影响因素实证分析与对策[D]. 北京: 对外经济贸易大学, 2007.

[37]刘志彪, 张杰. 全球代工体系下发展中国家俘获型网络的形成、突破与对策——基于 GVC 与 NVC 的比较视角[J]. 中国工业经济, 2007 (5): 39-47.

[38]李鹏飞, 王缉慈. 服务外包的空间格局: 理论框架与实证分析[J]. 中国软科学, 2008(11): 50-57.

[39]林孝文. 国际垂直专业化分工中利益分配非对称性与领导厂商的纵向控制[J]. 中国经济问题, 2010(6): 42-47, 10.

[40]吕延方, 赵进文. 中国承接服务外包影响因素分析——基于多国面板数据的实证检验[J]. 财贸经济, 2010(7): 89-97.

[41]刘重力, 赵颖. 东亚区域在全球价值链分工中的依赖关系——基于 TiVA 数据的实证分析[J]. 南开经济研究, 2014(5): 115-129.

[42]李宏艳, 王岚. 全球价值链视角下的贸易利益: 研究进展述评[J]. 国际贸易问题, 2015(5): 103-114.

[43]刘琳. 中国参与全球价值链的测度与分析——基于附加值贸易的考察[J]. 世界经济研究, 2015(6): 71-83, 128.

[44]吕延方. 中国承接服务外包的驱动因素——基于 2003—2013 年行业面板数据的经验研究[J]. 经济管理, 2015(7): 1-12.

[45]刘斌, 魏倩, 吕越, 等. 制造业服务化与价值链升级[J]. 经济研究, 2016(3): 151-162.

[46]李惠娟, 蔡伟宏. 中国服务业在全球价值链的国际分工地位评估[J]. 国际商务(对外经济贸易大学学报), 2016(5): 28-40.

[47]李惠娟, 蔡伟宏. 参与全球价值链分工提升了生产率和工资份额吗——来自服务业的证据[J]. 广东财经大学学报, 2016(5): 16-26.

[48]林桂军.夯实外贸发展的产业基础向全球价值链高端攀升[J].国际
  贸易问题,2016(11):3-11.

[49]梁文化.中国 OFDI 逆向技术溢出对自主创新的影响研究[D].北京:
  首都经贸大学,2017.

[50]李惠娟,蔡伟宏.全球价值链嵌入对中国服务业出口技术复杂度影
  响[J].国际贸易问题,2017(1):70-80.

[51]刘胜.逆向服务外包促进了服务业出口技术复杂度的提升吗?[J].
  经济问题探索,2017(3):149-154.

[52]吕越,李小萌,吕云龙.全球价值链中的制造业服务化与企业全要素
  生产率[J].南开经济研究,2017(3):88-110.

[53]李洁,邓莹."一带一路"背景下高等教育服务贸易发展研究[J].宁波
  大学学报(教育科学版),2017(5):37-42.

[54]刘克春.中国文化服务贸易问题与协同创新对策——基于"一带一路"
  的视角[J].国际贸易,2017(8):61-64.

[55]李奕.基于全球价值链分析的中国制造业升级路径及测度方法研
  究[D].上海:上海社会科学院,2018.

[56]刘斌,李宏佳,孙琳.北京市服务业开放对京津冀价值链升级影响的
  实证研究[J].国际商务(对外经济贸易大学学报),2018(2):63-74.

[57]李惠茹,陈兆伟."一带一路"倡议对高端产业区域价值链构建的影
  响[J].河北经贸大学学报,2018(4):36-44,65.

[58]刘进,闫晓敏,李兰香,等."一带一路"沿线国家的高等教育现状与
  发展趋势研究(一)——基于以色列与阿富汗教育工作者的访谈[J].
  世界教育信息,2018(5):24-29.

[59]李优树,张立祥,李蕾,等."一带一路"背景下四川省现代服务业竞
  争力体系构建与评价[J].国土资源科技管理,2018(6):116-128.

[60]刘研."一带一路"背景下国际服务贸易影响因素分析——以吉林省为
  例[J].当代经济,2018(24):82-83.

[61]蒙丹.全球价值链驱动机制演变趋势及启示[J].发展研究,2011

(2): 9-12.

[62]孟雪.反向服务外包对我国生产率的影响——生产性服务业的实证分析[J].国际贸易问题,2011(7):65-79.

[63]马方,王铁山,郭得力,等.中国服务外包产业集聚与协同创新研究——以软件与信息服务外包为例[J].经济问题探索,2012(7):63-68.

[64]孟雪.反向服务外包如何影响中国的就业结构——以中国作为发包国的视角分析[J].国际贸易问题,2012(9):82-95.

[65]马风涛,李俊.中国制造业产品全球价值链的解构分析——基于世界投入产出表的方法[J].国际商务(对外经济贸易大学学报),2014(1):101-109.

[66]马风涛.中国制造业全球价值链长度和上游度的测算及其影响因素分析——基于世界投入产出表的研究[J].世界经济研究,2015(8):3-10,127.

[67]孟东梅,姜延书,何思浩.中国服务业在全球价值链中的地位演变——基于增加值核算的研究[J].经济问题,2017(1):79-84.

[68]马风涛,李俊.制造业产品国内增加值、全球价值链长度与上游度——基于不同贸易方式的视角[J].国际贸易问题,2017(6):129-139.

[69]孟方琳,田增瑞,赵袁军,等.中医药服务贸易在"一带一路"的产业融合[J].开放导报,2018(3):56-59.

[70]那军.跨国公司技术创新要素的国际流动特性[J].国际经济合作,2008(1):36-40.

[71]牛华,马艳昕.全球价值链视角下中国服务业出口变化测算[J].亚太经济,2016(3):52-59.

[72]倪红福,夏杰长.中国区域在全球价值链中的作用及其变化[J].财贸经济,2016(10):87-101.

[73]裴瑱.服务外包中发包方选择接包方的影响因素分析[J].国际经贸

探索，2007(10)：12-15.

[74]裴长洪，杨志远，刘洪愧.负面清单管理模式对服务业全球价值链影响的分析[J].财贸经济，2014(12)：5-16，63.

[75]彭水军，袁凯华，韦韬.贸易增加值视角下中国制造业服务化转型的事实与解释[J].数量经济技术经济研究，2017(9)：3-20.

[76]潘文卿，李跟强.中国区域的国家价值链与全球价值链：区域互动与增值收益[J].经济研究，2018(3)：171-186.

[77]阙登峰，肖汉雄，卓丽洪，等.TPP、亚太区域价值链重构及对中国的影响[J].经济与管理研究，2017(1)：16-24.

[78]乔小勇，王耕，郑晨曦.我国服务业及其细分行业在全球价值链中的地位研究——基于"地位—参与度—显性比较优势"视角[J].世界经济研究，2017(2)：99-113，137.

[79]乔小勇，王耕，李泽怡.中国制造业、服务业及其细分行业在全球生产网络中的价值增值获取能力研究：基于"地位—参与度—显性比较优势"视角[J].国际贸易问题，2017(3)：63-74.

[80]钱书法，邰俊杰，周绍东.从比较优势到引领能力："一带一路"区域价值链的构建[J].改革与战略，2017(9)：53-58.

[81]钱龙.生产性服务业发展与服务业生产率提升研究——基于产业互动的视角[J].山西财经大学学报，2018(1)：39-53.

[82]曲智，杨碧琴，段华友."一带一路"沿线国家和地区不同种类基础设施对我国服务贸易出口规模的影响分析[J].中国注册会计师，2018(6)：50-55.

[83]渠慎宁，杨丹辉.美国对华关税制裁及对美国在华投资企业的影响[J].国际贸易，2018(11)：37-44.

[84]宋欣茹.大连市服务外包产业空间集聚及竞争力评价研究[D].大连：辽宁师范大学，2014.

[85]宋晓东."一带一路"背景下的中国国际服务贸易发展[J].中国流通经济，2016(12)：71-77.

[86] 尚庆琛."一带一路"倡议下中国服务贸易发展策略研究[J]. 国际贸易,2017(9):15-18,23.

[87] 孙少勤,邱斌. 如何塑造来华教育服务贸易新优势——基于"一带一路"视角的分析[J]. 国际贸易,2017(10):56-62,67.

[88] 孙芳."一带一路"视域下国际物流服务贸易发展战略[J]. 商业经济研究,2017(21):85-87.

[89] 孙训爽. 杭州服务价值链升级与国际竞争力水平提升研究[J]. 赤峰学院学报(自然科学版),2018(1):69-70.

[90] 尚涛,殷正阳. 中国与"一带一路"沿线国家的服务贸易动态比较优势及其结构性演进分析[J]. 国际商务(对外经济贸易大学学报),2018(1):60-71.

[91] 孙红燕,李欣欣,何文轶. 中国服务业价值增值测算与构成研究[J]. 现代经济探讨,2018(4):43-51.

[92] 陶爱颖. 产品内分工理论简介[J]. 中国市场,2010(35):109-110,112.

[93] 唐克军,石伯宇. 精心打造中欧班列经营服务平台[J]. 大陆桥视野,2018(1):90-104.

[94] 唐志芳,顾乃华. 制造业服务化、全球价值链分工与劳动收入占比——基于 WIOD 数据的经验研究[J]. 产业经济研究,2018(1):15-27.

[95] 温忠麟,张雷,侯杰泰,等. 中介效应检验程序及其应用[J]. 心理学报,2004(5):614-620.

[96] 王招娣. 长三角地区电子信息产业升级问题研究——基于全球价值链视角[D]. 南昌:江西财经大学,2009.

[97] 武力超. 服务外包研究综述[J]. 西安电子科技大学学报,2009(4):1-11.

[98] 王旭东. 离岸服务外包接包地选择影响因素研究——基于中国省市自治区的面板数据分析[D]. 大连:东北财经大学,2010.

[99] 王京晶. 高技术产业全球价值链研究——分工形态与价值链低端经济体产业升级[D]. 上海：上海社会科学院，2013.

[100] 王跃生，马相东. 全球经济"双循环"与"新南南合作"[J]. 国际经济评论，2014(2)：61-80.

[101] 王海杰，吴颖. 基于区域价值链的欠发达地区产业升级路径研究[J]. 经济机制改革，2014(4)：38-42.

[102] 王颖. 基础设施建设"走出去"的协同效应研究——基于服务外包的视角[J]. 国际经济合作，2015(6)：80-83.

[103] 王直，魏尚进，祝坤福. 总贸易核算法：官方贸易统计与全球价值链的度量[J]. 中国社会科学，2015(9)：108-127.

[104] 王永进，刘灿雷，炳展. 出口下游化程度、竞争力与经济增长[J]. 世界经济，2015(10)：125-147.

[105] 魏龙，王磊. 从嵌入全球价值链到主导区域价值链——"一带一路"战略的经济可行性分析[J]. 国际贸易问题，2016(5)：104-115.

[106] 汪丹. "一带一路"中国沿线区域商贸流通业效率的研究[D]. 重庆：重庆工商大学，2017.

[107] 王猛，姜照君. 服务业集聚区、全球价值链与服务业创新[J]. 财贸经济，2017(1)：146-161.

[108] 王江，陶磊，黄雨婷. 中国与"一带一路"沿线十国生产性服务贸易竞争力比较[J]. 商业研究，2017(4)：48-54.

[109] 王琪. "一带一路"战略下中国餐饮行业的发展[J]. 广西民族师范学院学报，2017(6)：68-70.

[110] 吴浓娣，王建平，夏朋，等. 中国水利"走出去"的成效与机遇——水利贯彻落实"一带一路"战略系列研究之一[J]. 水利发展研究，2017(11)：82-84，88.

[111] 吴蓉蓉. 一带一路下的国际物流服务贸易发展战略探讨[J]. 物流工程与管理，2018(3)：6-7.

[112] 许馨文. 基于产业集聚的服务外包产业发展研究——以廊坊经济技

术开发区为例[D]. 武汉：武汉理工大学，2012.

[113]袁方. 中国承接国际服务外包程度度量及比较分析[D]. 济南：山东大学，2008.

[114]杨波，殷国鹏. 中国服务外包：发展现状与提升对策[J]. 国际经济合作，2009(1)：15-21.

[115]姚战琪. 全球价值链背景下中国服务业的发展战略及重点领域——基于生产性服务业与产业升级视角的研究[J]. 国际贸易，2014(7)：13-17，47.

[116]杨文芳，刘海泳. 产品内国际生产分工与中国服务业发展[J]. 江汉论坛，2015(8)：17-22.

[117]尹伟华. 中、美两国服务业国际竞争力比较分析——基于全球价值链视角的研究[J]. 上海经济研究，2015(12)：41-51.

[118]喻旭兰，李红艳."一带一路"倡议下中国金融服务贸易发展对策研究[J]. 保险职业学院学报，2017(6)：5-9.

[119]杨仁发，王金敏."一带一路"倡议下中国生产性服务业"走出去"研究[J]. 兰州财经大学学报，2017(6)：9-17.

[120]尹伟华. 中美服务业参与全球价值链分工程度与地位分析：基于最新世界投入产出数据库[J]. 世界经济研究，2017(9)：120-131，13.

[121]闫云凤. 中日韩服务业在全球价值链中的竞争力比较[J]. 现代日本经济，2018(1)：48-59.

[122]姚星，王博，蒲岳."一带一路"沿线国家服务中间投入的网络结构特征及其影响因素[J]. 世界经济研究，2018(1)：122-133，13.

[123]闫云凤. 全球价值链的嵌入机制与演进路径研究——基于中美生产链长度的比较[J]. 经济学家，2018(2)：93-99.

[124]闫云凤. 中美服务业在全球价值链中的地位和竞争力比较[J]. 河北经贸大学学报，2018(3)：81-88.

[125]张辉. 全球价值链动力机制与产业发展策略[J]. 中国工业经济，2006(1)：40-48.

[126]周圆．服务外包和我国服务业升级的路径选择[D]．天津：天津商业
    大学，2011.

[127]赵明亮．中国参与国际垂直专业化分工的经济效应研究[D]．济南：
    山东大学，2012.

[128]张少军，刘志彪．国内价值链是否对接了全球价值链——基于联立
    方程模型的经验分析[J]．国际贸易问题，2013(2)：14-27.

[129]张敏．服务外包理论研究的现状与发展趋势——基于SSCI数据库
    (1990—2013)的科学计量分析[J]．经济学家，2014(10)：17-25.

[130]周荣敏．本地市场效应下中国产业结构升级研究[D]．天津：天津财
    经大学，2015.

[131]朱福林．基于灰色关联理论视角下离岸服务外包结构与产业升级实
    证研究[J]．科技与经济，2015(2)：61-65.

[132]朱福林．印度服务外包竞争力影响因素分析——基于灰色关联度方
    法的实证[J]．世界经济研究，2015(5)：90-97.

[133]祝国巍．GVC下我国服务业产业升级研究——嵌入位置和增值能力
    的视角[D]．湘潭：湘潭大学，2017.

[134]张倩红．以色列蓝皮书：以色列发展报告[M]．社会科学文献出版
    社，2017.

[135]朱福林，张波，王娜，等．基于熵权灰色关联度的印度服务外包竞
    争力影响因素实证研究[J]．管理评论，2017(1)：54-61.

[136]张娟．政府在中国企业跨国并购中的作用分析：基于"一带一路"的
    视角[J]．国际贸易，2017(2)：49-52.

[137]张雨，戴翔．服务价值链分工是否影响了服务出口复杂度：理论及
    经验[J]．当代经济科学，2017(4)：87-97，127.

[138]张悦，李静．国际服务贸易规则演变新趋势与我国的对策[J]．经济
    纵横，2017(5)：123-128.

[139]周启良，湛柏明．中国与"一带一路"沿线国家服务贸易潜力研
    究[J]．西部论坛，2017(5)：111-124.

［140］周昕，牛蕊，李磊. 中间服务投入、中间产品贸易与制造业高技术劳动力相对需求的实证研究［J］. 经济经纬，2017(6)：57-62.

［141］张萍. 服务贸易规则重构对中国的影响及应对［J］. 国际经济合作，2017(6)：24-33.

［142］张鑫. 中俄木质林产品贸易显性比较优势及其互补性分析——基于UN Comtrade 数据库 1996—2015 年的数据［J］. 世界农业，2017(10)：113-121，236.

［143］郑静玉. "一带一路"建设背景下高等教育"走出去"的基于与新路径［J］. 中国成人教育，2017(23)：45-48.

［144］郑延巍. 解密"一带一路"大健康产业投资［J］. 新理财，2018(1)：22.

［145］周碧璇，屈文静. "一带一路"下我国电信服务贸易发展分析［J］. 现代商贸工业，2018(9)：33-34.

［146］张永超，董鸿飞. "一带一路"背景下我国服务贸易发展探究［J］. 商业文化，2018(10)：41-42.

［147］Aliber R Z. Trade Liberalization among Industry Countries［J］. American Economic Association Quarterly，1967，24(3)：578-1158.

［148］Arellano M，Bond S. Some Test of Specification for Panel Data：Monte Carlo Evidence and an Application to Employment Equations［J］. Review of Economic Studies，1991，58(194)：277-297.

［149］Arellano M，Bond S. Dynamic Panel Data Estimation Using DPD98 for Gauss［J］. The World Economy，1998，675(345)：342-675.

［150］Amiti M，Wei S J. Fear of Service Outsourcing：Is It Justified？［J］. Economic Policy，2005，2004(186)：308-347.

［151］Arnodl J M，Mattoo A，Narciso G. Services Inputs and Firm Productivity in Sub-Saharan Africa：Evidence from Firm-level Data［J］. Journal of African Economics，2008，17(4)：578-599.

［152］Antràs Pol，Robert W S. Offshoring and the Role of Trade Agreements［J］. NBER Working Paper Series-National Bureau of Economic

Research, 2008, 102(7): 3140-3183.

[153] Amiti M, Wei S J. Service Offshoring and Productivity: Evidence from the US[J]. The World Economy, 2009, 32(2): 203-220.

[154] Antràs P, Foley C F. Regional Trade Integration and Multinational Firm Strategies[J]. Social Science Electronic Publishing, 2009, 14891(11): 763-773.

[155] Antràs Pol, Davin C. Measuring the Upstreamness of Production and Trade Flows[J]. American Economic Review, 2012, 143(3): 412-416.

[156] Andrea M N, Esteban G C, Mauro F, et al. International R&D Service Outsourcing by Technology-intensive Firms: Whether and Where? [J]. Journal of International Management, 2012, 18(1): 18-37.

[157] Antràs Pol, Davin C. Organizing the Global Value Chain [J]. Econometrica, 2013, 134(6): 2127-2204.

[158] Arnodl J M, Javorcik B, Lipscomb M, et al. Services Reform and Manufacturing Performance: Evidence from India [J]. The Economic Journal, 2016, 126(590): 1-39.

[159] Bell M, Pavitt K. Technological Accumulation and Industrial Growth: Contrasts Between Developed and Developing Countries[J]. Industrial & Corporate Change, 1993, 2(1): 56-103.

[160] Banga R. Trade and Foreign Direct Investment in Services: A Review[J]. Working Paper, 2005(50): 35-40.

[161] Bo F, Zhin P F, Yan Z L. A Decision Method for Supplier Selection in Multi-service Outsourcing [J]. International Journal of Production Ecomomics, 2011, 132(2): 240-250.

[162] Bas M. Does Services Liberalization Affect Manufacturing Firms' Export Performance? Evidence from India[J]. Journal of Comparative Economics, 2014, 42(3): 569-589.

[163] Borchert I, Gootiiz B, Mattoo A. Policy Barriers to International Trade in Services: Evidence from a New Database[J]. The World Bank Economic

Review, 2014, 28(1): 162-188.

[164] Baldwin R, Venables A J. Trade Policy and Industrialisation When Backward and Forward Linkages Matter[J]. Research in Economics, 2015, 34(2): 123-131.

[165] Coe S, Helpman M. International R&D Spillovers[J]. European Economic Review, 1995, 39(5): 859-887.

[166] Christen E M, Francois J F. Modes of Delivery in Services[J]. Social Science Electronic Publishing, 2010, 199(2): 35-98.

[167] Costinot A, Vogel J, Wang S. An Elementary Theory of Global Supply Chains[J]. Review of Economic Studies, 2011(16936): 109-144.

[168] Carluccio J, Fally T. Foreign Entry and Spillovers With Technological Incompatibilities in the Supply Chain [J]. Journal of International Economics, 2013, 90(1): 123-258.

[169] Chunling P, Jie L. The Development of China's Service Trade in Recent Years[J]. Journal of Service Science and Management, 2013, 6(2): 191-195.

[170] Chen H J, John W. China's Service Trade[J]. Economic Surveys, 2014, 61(5): 746-774.

[171] Cernat L, Kutlina D Z. Thinking in a Box: A "mode 5" Approach to Service Trade [J]. Directorate General for Trade, 2014, 10 (2): 91-125.

[172] Daniels P W. Some Perspectives on the Geography of Services [J]. Progress in Human Geography, 1988, 12(3): 431-440.

[173] Deardorff A V. International Provision of Trade Services, Trade, and Fragmentation[J]. Review of International Economics, 2001, 9 (2): 233-248.

[174] Daudin G. Atlantic Trade and the European Economy: a Bibliography[J]. Documents De Travail De Lofce, 2011.

[175] Duggan V, Rahardja S, Varela G. Service Sector Reform and Manufacturing

Productivity: Evidence from Indonesia [J]. Policy Research Working Paper, 2016(6349): 1-41.

[176] Eswarn M, Kotwal A. The Role of the Service Sector in the Process of Industrialization [J]. Journal of Development Economics, 2002, 100 (58): 333-405.

[177] Eschenbach F, Hoekman B. Services Policy Reform and Economic Growth in Transition Economies [J]. Review of World Economics, 2006, 142 (4): 746-764.

[178] Francois J F. Trade in Producer Services and Returns Due to Specialization Under Monopolistic Competition [J]. The Canadian Journal of Economics, 1990, 23(1): 109-124.

[179] Fuentes D D. On the Limits of Post-industrial Society: Structural Change and Service Sector Employment in Spain [J]. International Review of Applied Economics, 1999, 213(1): 111-234.

[180] Fishman R, Svensson J. Are Corruption and Taxation Really Harmful to Growth? Firm Level Evidence [J]. Journal of Development Economics, 2007, 83(1): 63-75.

[181] Francois J, Woerz J. Producer Services, Manufacturing Linkages, and Trade [J]. Social Science Electronic Publishing, 2008, 8(3): 199-229.

[182] Francois J, Hoekman B. Services Trade and Policy [J]. Journal of Economic, 2010, 48(3): 642-692.

[183] Fontagné L, Guillin A, Mitaritonna C. Estimations of Tariff Equivalents for the Services Sectors [J]. Working Papers, 2011(15): 43-121.

[184] Fernandes A M, Paunov C. Foreign Direct Investment in Services and Manufacturing: Evidence for Chile [J]. Journal of Development Economics, 2012, 445(2): 305-321.

[185] Francois J F, Manchin M, Tomberger P. Services Linkages and the Value Added Content of Trade [J]. World Economy, 2015, 38 (11): 1631-3280.

[186] Grossman G M, Helpman E. Innovation and Growth in the Global Economy [M]. MIT Press, 1991.

[187] Gereffi G, Korzeniewicz M. Commodity Chains and Global Capitalism [M]. Praeger Publishers Inc. Press, 1994.

[188] Gene M, Grossman E H. The Politics of Free Trade Agreements [J]. American Economic Review, 1995, 85(4): 667-690.

[189] Gereffi G. International Trade and Industrial Upgradiing in the Apparel Commodity Chain [J]. Journal of International Economics, 1999, 48 (1): 37-107.

[190] Gereffi G. Beyond the Produce-driven/Buyer-driven Dichotomy: the Evolution of Global Value Chains in the Internet Era [J]. IDS Bulletin, 2001, 32(3): 30-40.

[191] Grossman G M. Esteban R H. Task Trade Between Similar Countries [J]. the Econometric Society, 2012, 80(2): 593-629.

[192] Ghani S E. O'Connell S D. Can Service be a Growth Escalator in Low-income Countries? [J]. World Bank Policy Research Working Paper, 2014, 6971(3): 13-190.

[193] Hoekman B, Braga C A P. Protection and Trade in Services: A Survey [J]. Open Economies Review, 1997, 8(3): 285-308.

[194] Hummels D, Ishii J, Kei M Y. The Nature and Growth of Vertical Specialization in World Trade [J]. Journal of International Ecomomics, 2001, 54(1): 75-97.

[195] Humphrey J, Schmitz H. Governance in Global Value Chains [J]. IDS Bulietin, 2001, 32(3): 19-29.

[196] Hoekman B. Mattoo A. Services Trade and Growth [J]. World Bank Policy Research Working Paper Series, 2008, 17(2-4): 1460-6720.

[197] Hoekman B, Mattoo A. Liberalizing Trade in Services: Lessons from Regional and WTO Negotiations [J]. International Negotiation, 2013, 18 (1): 131-151.

［198］Heuser C, Mattoo A. Services Trade and Global Value Chains［J］. Social Science Electronic Publishing, 2017, 143(12): 166-182.

［199］Jones R W, Kierzkowski H. The Role of Services in Production and International Trade: A Theoretical Framework［J］. The Political Economy of International Trade, 1990(185): 163-181.

［200］Jason D, Kenneth G L. The Distribution of Value in the Mobile Phone Supply Chain［J］. Telecommunications Policy, 2011, 35(6): 505-521.

［201］Jason R C, Noguera G. Proximity and Production Fragmentation［J］. The American Economic Review, 2012, 102(3): 407-818.

［202］Kogut B. Designing Global Strategies: Comparative and Competitive Value-Added Chains［J］. Sloan Management Review, 1985, 26(4): 15-28.

［203］Koopman R, Wang Z, Wei S J. How Much of Chinese Exports is Really Made in China? Assessing Domestic Value-added When Processing Trade is Pervasive［J］. NBER Working Paper, 2008, 14109(1): 1-121.

［204］Koopman R, Wang Z, Wei S J. Estimating Domestic Content in Exports When Processing Trade is Pervasive ［J］. Journal of Development Economics, 2012, 99(1): 178-189.

［205］Kalina M, Yu Z H. Firms and Credit Constraints along the Value-Added Chain: Processing Trade in China［J］. NBER Working Paper, 2012, 109(1): 1-33.

［206］Koopman R, Wang Z, Wei S J. Tracing Value-added and Double Counting in Gross Exports［J］. The Economic Journal, 2014, 104(2): 459-494.

［207］Kenneth L, Kraemer G L. Capturing Value in Global Networks: Apple's iPad and iPhone［J］. E-Commerce Letters, 2015, 23(4): 1-11.

［208］Li Y H, Wang X B, Teresa M A. Ride Service Outsourcing for Profit Maximization［J］. Transportation Research Part E, 2009, 54(45): 138-148.

［209］Lay G, Copani G, Jäger A, et al. The Relevance of Service in European Manufacturing［J］. Journal of Service Management, 2010, 21(5):

715-726.

[210] Lodefalk M. The Role of Services for Manufacturing Firm Exports [J]. Review of World Economics, 2014, 150(1): 59-82.

[211] Liu X P, Mattoo A, Wang Z, et al. Modern Service Development as A Source of Comparative Advantage for Manufacturing Exports[J]. Working Paper, 2014, 1(5): 1-342.

[212] Markusen J R. Trade in Producer Services and in Other Specialized Intermediate Inputs [J]. The American Economic Review, 1989, 79 (1): 85-96.

[213] Melvin J R. Trade in Producer Services: A Heckscher-Ohlin Approach [J]. The Journal of Political Economy, 1989, 97(5): 1180-1196.

[214] Markusen J. Modeling the Offshoring of White-collar Services: From Comparative Advantage to the New Theories of Trade and FDI [J]. National Bureau of Economic Research, 2005(5408).

[215] Mustilli F, Pelkmans J. Access Barriers to Services Markets: Mapping, Tracing, Understanding and Measuring[J]. CEPS Special Reports, 2013 (1282): 1034-1037.

[216] Morris M, Staritz C, Barnes J. Value Chain Dynamics, Local Embeddedness, and Upgrading in the Clothing Sectors of Lesotho and Swaziland[J]. International Journal of Technological Learning, 2013, 4 (1-3): 96-119.

[217] Marcel P, Timmer B L. An Anatomy of the Global Trade Slowdown based on the WIOD 2016 Release[J]. GGDC Research Memorandum, 2016, 14(162): 1-67.

[218] Miroudot S, Cadestin C. Services in Global Value Chains: From Inputs to Value-Creating Activities[J]. OECD Trade Policy Papers, 2017(99): 89-137.

[219] Mahadevan B, Jishnu H, Tarun J. Services Outsourcing Under Asymmetric Cost Information[J]. European Journal of Operational Research, 2017,

132(2): 456-467.

[220] Nordås H K, Kim Y. The Role of Services for Competitiveness in Manufacturing[J]. Paris: Organisation for Economic Co-operation and Development, 2013.

[221] Nordås H K, Geloso G M, Gonzales F, et al. Services Trade Restrictiveness Index (STRI): Computer and Related Services [J]. Paris: Organisation for Economic Co-operation and Development, 2014.

[222] Nordås H K, Rouzet D. The Impact of Services Trade Restrictiveness on Trade Flows [J]. OECD Trade Policy Papers, 2015, 40 (6): 1155-2338.

[223] Porter M. Competitive Advantage: Creating and Sustaining Superior Performance[M]. Free Press, 1985.

[224] Paul W, Mark T. Knowledge-intersive Services and International Competitiveness: A Four Country Comparison[J]. Technology Analysis &Strategic Management, 1999, 11(3): 391-408.

[225] Pak S. Measuring Tariff Equivalents in Cross-border Trade in Services[J]. Korea Institute for International Economic Policy, 2002, 88 (12): 95-101.

[226] Paolo G, Valentina M. Technology and International Competitiveness: The Interdependence between Manufacturing and Producer Services[J]. Structural Change and Economic Dynamics, 2005, 16(4): 489-502.

[227] Peng J L. Selection of Logistics Outsourcing Service Suppliers Based on AHP[J]. Energy Procedia, 2012(17): 595-601.

[228] Pamela A, Zheng Y Q, Du R, et al. From Boundary Spanning to Creolization: A Study of Chinese Software and Services Outsourcing Vendors[J]. Journal of Strategic Information Systems, 2013, 22(2): 121-136.

[229] Ruby P, Lee D K. Implication of Service Processes Outsourcing on Firm Value[J]. Industrial Marketing Management, 2010, 22(39): 853-861.

[230]Robert C,Johnson D C. Accounting for Intermediates: Production Sharing and Trade in Value Added [J]. Journal of International Economics, 2012, 456(2): 224-236.

[231]Rouzet D,Nordås H K, Gonzales F, et al. Services Trade Restrictiveness Index (STRI): Financial Services[J]. Paris: Organisation for Economic Co-operation and Development, 2014.

[232]Richard B, Javier L G. Supply-Chain Trade: A Portrait of Global Patterns and Several Testable Hypotheses[J]. World Economy, 2015, 553(11): 1682-1744.

[233]Ronald E, Miller U T. Output Upstreamness and Input Downstreamness of Industries/Countries in World Production [J]. International Regional Science Review, 2015, 12(5): 443-478.

[234]Regien S, Wendy V D V, Geert D, et al. Using Performance-based Contracts to Foster Innovation in Outsourced Service Delivery [J]. Industrial Marketing Management, 2016, 234(59): 12-24.

[235]Tang Y H, Zhang Y, Christopher F. What Explains China's Rising Trade in Services[J]. Chinese Economy, 2013, 345(5): 7-31.

[236]Song X G. Thoughts on Accelerating the Development of China's Service Trade Issues [J]. Open Journal of Social Sciences, 2014, 564(5): 199-203.

[237]Sáez S, Taglioni D, Erik V D M. Valuing Services in Trade: A Toolkit for Competitiveness Diagnostics[J]. World Bank, 2014(49).

[238]Thibault F. Production Staging: Measurement and Facts [J]. Telecommunications Policy, 2011, 8(6): 505-521.

[239]Ueno A, Geloso G M, Lejárraga I, et al. Services Trade Restrictiveness Index (STRI): Distribution Services [J]. Paris: Organisation for Economic Co-operation and Development, 2014.

[240]Van L N, Riezman R, Soubeyran A. Fragmentation and Services[J]. The North American Journal of Economics and Finance, 2005, 16(1):

137-152.

[241] Walsh K. Trade in Services: does Gravity Hold? A Gravity Model Approach to Estimating Barriers to Services Trade[J]. SSRN Electronic Journal, 2006, 543(7): 323-667.

[242] Woerz J. Austria's Competitiveness in Trade in Services[J]. Fiw Research Reports, 2008.

[243] Wendy L, Currie V M, Oluwakemi A. Knowledge Process Outsourcing in Financial Services: The Vendor Perspective[J]. European Management Journal, 2008, 123(26): 94-104.

[244] Wolfmayr Y. Export Performance and Increased Services Content in Manufacturing[J]. National Institute Economic Review, 2012, 220(1): 36-52.

[245] Wang J F, Chen X F, Li J, et al. Towards Achieving Flexible and Verifiable Search for Outsourced Database in Cloud Computing[J]. Future Generation Computer Systems, 2017(67): 266-275.

[246] Yu M J. Processing Trade, Tariff Reductions and Firm Productivity: Evidence from Chinese Firms[J]. NBER Working Paper, 2014, 88(2): 943-988.

[247] Yi S Q, Guo K, Chen Z S. Forecasting China's Service Outsourcing Development with an EMD-VAR-SVR Ensemble Method[J]. Procedia Computer Science, 2016, 3(91): 392-401.

后　记

首先，要感谢我的导师王绍媛老师，在我攻读博士研究生期间，王绍媛老师在生活上给予我关心和照顾，在学业上给予我充分的帮助和支持。

我在刚以博士研究生的身份开启新的学习生涯的时候，关于日后的研究领域十分迷茫，而在多次与王老师交流沟通后，逐渐清晰了自己感兴趣的研究领域，为接下来的学习奠定了良好的基础。研究方向确定后王老师用心良苦地为我创造诸多投稿机会，我通过这种方式逐渐熟练掌握了研究领域的专业知识、培养了学术思维方式、锻炼了文章的写作技巧，从而进一步深化了学术能力。在本书撰写和修改过程中，王老师认真细心地用其丰富的学识和开阔的视野为本书提供了宝贵的调整意见。王老师对学术的严谨给予了我极大的帮助，在此，对尊敬的王老师表示由衷的感谢。

其次，我要感谢牟逸飞老师对本书实证部分的指导。牟逸飞老师在百忙之中抽出时间对本书实证部分进行了检查，针对出现的问题提出了具体且详细的修改意见，实证方法完善后牟逸飞老师又仔细认真地进行了复查。牟逸飞老师的修改意见使本书实证部分更加准确和全面，使得全书更具说服力，在此，对牟逸飞老师的帮助和指导表示诚挚的感谢。

然后，我要感谢我的父母，感谢他们多年来对我的培养。是父母给予了我继续学习和深造的机会，因为有了父母的支持和鼓励，我才能毫无压力地进行学习，拥有充足的动力继续深造。除了学业上的支持以外，每当我在生活中遇到困难时，父母都耐心地对我进行疏导，使我具备了正面面对问题的勇气，向我提供的意见也成为我积极解决问题的关键。父母付出的辛劳我定用余生好好回报。

最后，我要感谢身边的好朋友们，是他们的陪伴，使我在学习生涯中走得更加坚定和从容。他们会为我小小的进步而欣喜，也会当我疲惫或处于情绪低谷的时候及时地出现在我身边，肯定我的付出的同时一起为我出谋划策，让我有了战胜眼前困难的决心和勇气。

感谢所有关心和帮助过我的人。

张涵嵋

2023 年 7 月 30 日